gods at war

DAS HERZ EINES NACHFOLGERS

SCM Hänssler

SCM

Stiftung Christliche Medien

SCM Hänssler im SCM-Verlag GmbH & Co. KG · 71088 Holzgerlingen
Internet: www.scm-haenssler.de; E-Mail: info@scm-haenssler.de

Die Bibelverse sind, wenn nicht anders angegeben, folgender Ausgabe entnommen:
Neues Leben. Die Bibel, © der deutschen Ausgabe 2002 und 2006
SCM R.Brockhaus im SCM-Verlag GmbH & Co. KG, Witten.

Gesamtgestaltung: Kathrin Retter, Weil im Schönbuch
Titelbild: Screenshots aus dem Film »Gods at War«
Bilder im Innenteil: shutterstock.com
Druck und Bindung: CPI – Ebner & Spiegel, Ulm
Gedruckt in Deutschland
ISBN 978-3-7751-5501-4
Bestell-Nr. 395.501

INHALTSVERZEICHNIS

INHALTSVERZEICHNIS

Gods at War – Gleich mehrere Götter im Krieg? Und das in einem christlichen Buch? Zugegebenermaßen denke ich da eher an Fantasy-Romane oder Filme à la Percy Jackson. Aber was hat das mit unserem christlichen Glauben und unserem Alltagsleben zu tun?

Pastor Kyle Idleman (der Initiator von ***not a fan.*** und ***Gods at War***) geht davon aus, dass es in unserem Leben viele falsche Götter gibt, die um unser Herz kämpfen und uns leicht zu Götzendienern werden lassen. Er erklärt:

Viele Leute glauben, dass sie mit dem Thema Götzendienst kein Problem haben. Sie halten es für ein veraltetes Problem, das für uns keine Relevanz mehr hat und höchstens noch abergläubische Barbarenvölker betrifft. Aber die Bibel spricht mit gutem Grund so häufig über dieses Thema. Denn Götzendienst ist für die meisten von uns das Kernproblem. Wen oder was wir verehren und wofür wir leben, hat Auswirkungen auf alle Bereiche unseres Lebens.

Die Bibel sagt ganz deutlich, dass es nur einen Gott gibt. Wir sollen keine anderen Götter neben ihm verehren, sondern den Herrn von ganzem Herzen, von ganzer Seele und mit all unserer Kraft lieben (5. Mo 6,4-5 und 1. Sam 7,3). Andere Götter müssen aber nicht unbedingt anderen Religionen entstammen. Alles kann zu einem Gott bzw. Götzen werden, wenn es die Stellung des lebendigen Gottes in uns einnimmt und uns Gott gegenüber halbherzig werden lässt.

Gibt es etwas in deinem Leben, das den Platz Gottes in deinem Herzen einnimmt?

Das ist die Frage, die über den kommenden Wochen stehen soll. Wir wollen falschen Vorstellungen von Gott auf die Spur kommen, um den daraus resultierenden »Götzendienst« aufzudecken und davon frei zu werden. Dabei geht es darum, sich auf die Suche zu machen: auf die Suche nach der Liebe Gottes, nach seiner heilenden Kraft und nach der Freiheit, die er uns in Jesus Christus schenkt.

Wie du dieses Buch nutzen kannst

Dieses Buch möchte dir helfen, Gott wirklich von ganzem Herzen zu lieben. Es möchte Begegnung mit Jesus schaffen. Denn nur aus seiner verändernden Kraft heraus ist ein Leben als echter Nachfolger möglich. Die 42 Tageseinheiten kannst du für eine tägliche Zeit der Stille nutzen. Sie bieten neben einem einleitenden Bibelzitat jeweils einen kurzen Impulstext, Gebetsvorschläge und Fragen zur persönlichen Reflexion. Jede Woche beginnt mit einer Gruppeneinheit: Das kann z. B. ein Treffen mit deinem Hauskreis, deiner Jugendgruppe oder deinem Zweierschaftspartner sein. Du kannst natürlich auch eine neue Gruppe gründen, die sich gemeinsam das Projekt *Gods at War* vornimmt. (Ob ihr hinterher zusammen weitergeht, kann ja zunächst offenbleiben.) Teil der Gruppentreffen sind die 20-minütigen Kurzfilme der DVD ***Gods at War – Das Herz eines Nachfolgers***, die euch einen Einstieg ins jeweilige Thema bieten. Sie zeigen auf sehr drastische Weise, wie sehr uns falsche Götter in die Irre führen können. Es sind Extrembeispiele für Götzendienst, die uns wachrütteln sollen. Umso wichtiger ist es, in der anschließenden Gesprächszeit das Thema in der Gruppe zu diskutieren und auf die eigene Lebensrealität zu übertragen. Dabei können die Fragen in diesem Buch helfen.

Prüft alles und behaltet das Gute

Die Gruppentreffen und die Tagesimpulse sind letztlich nur ein Anfang, durch den ein Wachstumsprozess in Gang gesetzt werden soll. Deshalb kannst du mit dem Arbeitsmaterial auch ganz frei umgehen. Wo dir selbst Fragen oder Bibeltexte einfallen, gehe ihnen nach. Dort, wo sich Widerstand oder Kritik in dir regt, prüfe es (1. Thess 5,21). Es ist wichtig zu wissen: Nicht jedes Thema betrifft dich gleichermaßen! Es wird Tage geben, die dich sehr ansprechen und andere, deren Thema dich momentan nicht betrifft. Bitte Gott im Gebet um Klarheit, welche Themen gerade jetzt für dich persönlich wichtig sind und welche du getrost beiseitelegen kannst.

Die Fragen zu den Gruppeneinheiten dienen als Anregungen für das Gespräch, nicht als Pflichtprogramm. Es ist nicht nötig, alle Fragen abzuarbeiten, um tief gehende Gespräche zum jeweiligen Thema zu haben. Ein Perfektionismus in diese Richtung kann ein gut verlaufendes Gespräch sogar eher ausbremsen als fördern. Die Fragen sollen euch einfach helfen, ins Gespräch zu finden. Deshalb: Sucht die heraus, die euch ansprechen. Und gebt auch euren eigenen Fragen, die euch unter den Nägeln brennen, Raum.

Warum ist die Gruppe wichtig?

In *Gods at War* werden dir herausfordernde und sehr persönliche Fragen gestellt: Fragen, die deine wunden Punkte in deiner Beziehung zu Gott aufdecken können. Über diese Dinge sprechen wir nicht gerne. Ich glaube aber, dass es wichtig ist, mit anderen über diese Dinge ins Gespräch zu kommen. Denn wenn wir mit unseren wunden Punkten alleine bleiben, verstärkt sich schnell das Gefühl, dass wir die Einzigen sind, denen es so geht. In der Gemeinschaft können wir oft erleben, dass es anderen ganz ähnlich geht wie uns selbst, und wir erhalten Impulse, auf die wir selbst vielleicht nicht gekommen wären. Gemeinsame Gespräche und Gebete können dabei helfen, vor sich selbst ehrlicher zu werden und mögliche blinde Flecken besser wahrzunehmen. Durch eine Gruppe kann es auch leichter sein, an den eigenen Themen dranzubleiben und so echte Veränderung zu erleben.

Offene, ehrliche Gespräche, das Gebet füreinander und das Wissen um die Gemeinschaft mit Jesus Christus, der dich liebt und heilen will, können zu einer neuen Freiheit im Glauben und im Leben führen. Dir gilt, was Paulus bereits vor langer Zeit den Christen in Galatien (der heutigen Türkei) geschrieben hat: *Ihr seid berufen, liebe Freunde, in Freiheit zu leben – nicht in der Freiheit, euren sündigen Neigungen nachzugeben, sondern in der Freiheit, einander in Liebe zu dienen.* (Gal 5,13)[1]

[1] Alle Bibelzitate in diesem Buch stammen aus der Übersetzung: Neues Leben. Die Bibel, © Copyright der deutschen Ausgabe 2002 und 2006 SCM R. Brockhaus im SCM-Verlag GmbH & Co. KG, Witten.

Spielregeln für die Gruppentreffen

Wir können einander in Liebe dienen (Gal 5,13), das gilt besonders für das Gespräch in der Gruppe. Jeder hat Verantwortung für den anderen.

EINIGE GRUNDSÄTZE HELFEN DABEI, DIE FREIHEIT ALLER BEI DEN GRUPPENTREFFEN ZU WAHREN:

- Die Gespräche in unserer Gruppe sind von Freiheit, gegenseitigem Respekt und Vertrauen geprägt.
- Ich nehme mein Recht wahr, nur das anzusprechen, was ich auch wirklich in dieser Gruppe ansprechen möchte, und gestehe dieses Recht auch allen anderen zu.
- Persönliche Dinge, die in der Gruppe erzählt werden, sind streng vertraulich und bleiben innerhalb der Gruppe. Das gibt unserem Gespräch einen sicheren, geschützten Rahmen.
- Ich setze niemanden unter Druck und respektiere mir fremde Erfahrungen und Meinungen.
- Ich werde mich nicht über das Verhalten bzw. die Probleme anderer verurteilend äußern. Das gilt auch für alles, was in den Filmen angesprochen wird. Denn dort kommen Dinge zur Sprache, die in christlichen Gemeinden oft tabuisiert werden (z. B. Pornografie, sexueller Missbrauch). Ich möchte im Hinterkopf behalten, dass es in meiner Gruppe Menschen geben könnte, die derartige Belastungen erfahren haben.

EINE GUTE ATMOSPHÄRE BRINGT GUTE GESPRÄCHE

Die Gruppentreffen sollen tiefer in die Freiheit und Liebe Gottes hineinführen. Für eine gute Atmosphäre und offene Gespräche kann ein gemeinsames Essen zu Beginn hilfreich sein. Jesus suchte oft die Tischgemeinschaft mit Menschen, die mit ihren Sünden kämpften (Lk 19,1-9). Dabei müsst ihr keinen großen Aufwand betreiben, ein »Potluck« (jeder bringt was mit) oder ein Pizzaexpress können gute Alternativen sein. Knabbersachen, Getränke, Kerzen, ... Eurer Kreativität sind hier keine Grenzen gesetzt. Ihr wisst am besten, was zu eurer Gruppe passt und was euch guttut.

Persönliche Reflexion

Wichtig bei *Gods at War* ist die persönliche Auseinandersetzung mit den verschiedenen Aspekten dieses Buchs. Denn die einzelnen Themen sind nicht für jeden gleich wichtig. Darum ist es gut, sich nach jeder Woche Zeit zu nehmen, um die Notizen der vergangenen Tage noch einmal durchzugehen und sich zu fragen: Was hat Gott mir offenbart? Gibt es konkrete Schritte, die ich gehen möchte? Was kann ich getrost beiseite legen? Welche Fragen sind offengeblieben? Diese Notizen können dann eure Gespräche in der Gruppe über die sechs Wochen begleiten.

WIE GOTT ZU DIR REDEN KANN

Wo es dir ein ernstes Anliegen ist, Gott näher und besser kennenzulernen, ist er dabei (Jer 29,11-14). Er spricht zu dir, wenn du ihn darum bittest und offen bist für seine Antwort. Gott kann zu dir auf vielfältige Weise reden: durch Bibeltexte (2. Tim 3,14-16) und andere Menschen (1. Thess 2,13), aber auch durch die Natur (Ps 8,4-5), durch Träume (1. Kön 3,5; 1. Mo 41,15-16), Bilder (Apg 16,9) und Umstände (Ps 119,67-69). Das Reden Gottes muss nicht spektakulär sein. Manchmal geschieht es einfach durch einen schlichten Gedanken, der dir zu einer bestimmten Frage kommt. Ich wünsche dir eine entspannte Aufmerksamkeit, die sich voller Erwartung, offen und ohne Druck Gott zuwendet; eine Erwartung, die sich ganz in das Wissen hüllt, dass dir Gott zur rechten Zeit die richtige Antwort geben wird (Ps 145,15-19).

ZU GROSS, ZU SCHWER?

Es kann sein, dass durch die Beschäftigung mit *Gods at War* Dinge in dir angerührt werden, die für dich und deine Gruppe zu groß oder zu schwer sind. Dann sei mutig und nimm ein persönliches Gespräch mit einem Seelsorger in Anspruch. Im Anhang dieses Buches findest du Adressen und Internetseiten, die dir helfen können, die passende Beratungsstelle zu finden. Du kannst dich auch an die Seelsorger deiner Gemeinde wenden. Im Gebet kannst du Gott bitten, dich mit den richtigen Menschen zusammenzuführen.

Freiheit oder Sklaverei?

Gott hat sein Volk aus Ägypten geführt, um ihnen die Freiheit zu schenken. Er möchte, dass sein Volk frei bleibt und sich nach der ägyptischen Sklaverei nicht in die Knechtschaft anderer »Götter« begibt. Deshalb macht er ihnen gleich zu Beginn der Zehn Gebote klar, dass sie neben ihm, der Freiheit schenkt, keine anderen Götter haben und anbeten sollen (2. Mo 20,2-17; 5. Mo 5,6-21).

Es geht Gott also um unsere innere und äußere Freiheit, wenn er uns sagt, dass wir keinen anderen »Göttern« dienen sollen. Denn diese anderen Götter fordern Opfer, die unser Leben belasten und uns unfrei machen. Durch Götzendienst gehen wir eine Beziehung ein, die für uns selbst nachteilig ist (Jer 7,18-20). An vielen Stellen im Alten Testament wird von anderen Göttern (oder auch Götzen) berichtet, die beim Volk Israel in Konkurrenz zum lebendigen Gott treten (1. Kön 18,19ff; 2. Kön 23,11; Ri 2,12-13; 2. Chr 33,3). Aber der Gott, der in die Freiheit führt, will der einzige für sein Volk sein. Keine anderen »Götter« zu verehren, heißt in der Freiheit des einzig wahren Gottes zu bleiben.

Gottes Eifersucht – ein Zeichen seiner großen Liebe

Begründet wird das sogenannte Fremdgötterverbot auch mit der Eifersucht Gottes (2. Mo 20,5-6). Gott liebt sein Volk und kann es nicht ertragen, wenn es »fremdgeht« (Jer 3,6ff). Pastor Idleman sagt: *Gott hat kein Interesse daran, deinen Herzensthron zu teilen, genauso wenig wie deine Ehefrau oder dein Ehemann damit einverstanden wäre, wenn du fremdgehst.*

Eifersucht ist besser als ihr Ruf. Sofern sie nicht unbegründet, übertrieben oder krankhaft ist, lässt sich an der Eifersucht die Liebe, Hingabe und Ernsthaftigkeit einer Liebesbeziehung ablesen. Wer seinen Partner oder seine Partnerin liebt und achtet, wird ihn oder sie nicht mit anderen teilen wollen. Fehlende Eifersucht (wo sie angebracht wäre) ist ein Indiz für Gleichgültigkeit und Unverbindlichkeit.

Gott liebt uns mit einer brennenden, leidenschaftlichen Liebe. Und gerade deshalb ist er eifersüchtig, wenn wir unser Herz an falsche Götter versklaven.

In Jesus begegnet uns die brennende Liebe Gottes (1. Joh 4,9; Joh 3,16; Röm 8,39; Eph 2,4-5). Die Eifersucht Gottes wird bei Jesus vor allem in der »Tempelreinigung« sichtbar. Jesus ist zornig, denn das Haus Gottes soll ein Haus des Gebets sein und nicht dem Profit von Händlern und Priestern dienen (Mt 21,12ff). Jesus will den Tempel wieder zu einem Ort des Heils und des Lobpreises machen. Nichts soll die Menschen von der heilenden Nähe Gottes trennen (Mk 15,38; Hebr 10,19-20; Offb 21,3-4). Jesus öffnet diesen Raum auch für dich und deine Sehnsucht nach einem heilen Leben.

Die Tempelreinigung zeigt sehr deutlich, dass es nicht sichtbare Götzenbilder oder Götter anderer Religionen sein müssen, die Gott seinen Platz streitig machen. In diesem Fall ist es der Handel mit Opfertieren, also das gedankenlose Streben nach Profit bzw. das religiöse Geschäft mit dem lebendigen Gott, das zum Götzendienst wird. Die Entschlossenheit, mit der Jesus durchgreift, richtet sich gegen den Handel, dem er ein Ende machen will, und nicht gegen die Händler.

Wem gehört dein Herz?

Wo Gottes Liebe unser Herz erfüllt, bestimmt sie auch unser Handeln. Denn die Liebe Gottes ist mit Gottes Geboten aufs Engste verknüpft (Joh 15,9-10). Das erste der Zehn Gebote ist gleichzeitig der Grund und die Wurzel, woraus ein Leben nach dem Willen Gottes wächst.

Ein Schriftgelehrter fragte Jesus einmal: »Meister, welches ist das wichtigste Gebot im Gesetz von Mose?« Jesus antwortete: »›Du sollst den Herrn, deinen Gott lieben, von ganzem Herzen, mit ganzer Seele und mit all deinen Gedanken!‹ Das ist das erste und wichtigste Gebot. Ein weiteres ist genauso wichtig: ›Liebe deinen

Nächsten wie dich selbst.‹ Alle anderen Gebote und alle Forderungen der Propheten gründen sich auf diese beiden Gebote.« (Mt 22,36-40)

Deshalb ist es auch für uns heute so wichtig, dass Gott wirklich den Platz in unserem Leben einnimmt, der ihm gebührt: Gott selbst ist die Kraftquelle, aus der wir schöpfen können, um seinen Willen zu tun. In Phil 2,12-13 heißt es: *Denn Gott bewirkt in euch den Wunsch, ihm zu gehorchen, und er gibt euch auch die Kraft zu tun, was ihm Freude macht.*

Im Umkehrschluss heißt das: Wenn wir den Willen Gottes nicht befolgen (wenn wir beispielsweise immer wieder mit einer bestimmten Sünde zu kämpfen haben), dann ist das ein Zeichen dafür, dass wir unser Herz nicht dem lebendigen Gott geschenkt, sondern es an einen falschen Gott versklavt haben. Götzendienst ist letztlich immer die tiefere Ursache für Sünde. Denn wem unser Herz gehört, entscheidet darüber, wie wir leben. Martin Luther sagte, man könne keines der Zehn Gebote brechen, ohne nicht vorher das erste Gebot zu brechen. Deshalb bezeichnet Luther den Götzendienst als erste Sünde, die allen anderen vorausgeht.

Ab wann ist etwas ein Götze?

Ein Götze, also ein falscher Gott, an den wir uns versklaven, kann im Grunde alles sein – alles, was den Platz der Liebe Gottes in unserem Leben einzunehmen versucht. *»Wen oder was wir anbeten, ist wofür wir leben. Und das betrifft alles.«*, so Pastor Kyle Idleman. In den Filmausschnitten zu ***Gods at War*** geht es häufig um Dinge, die an sich gut oder neutral sind (z. B. Essen, Sex, Liebe, Geld, Gaben). Diese Dinge können Götzen sein, wenn sie zu viel Raum in unserem Leben einnehmen und Gott den Thron unseres Herzens streitig machen. Es gibt nichts, was davon ausgeschlossen wäre. Selbst christliche Dinge wie das Bibellesen oder Gemeindeaktivitäten können Götzendienst sein, wenn z. B. der Stolz auf die eigene Frömmigkeit und nicht die Liebe zu Jesus dahintersteckt.

Ein Pauschalurteil ist deshalb unmöglich, weil unsere Haltung zu diesen Dingen darüber entscheidet, ob sie für uns ein Götze sind, oder nicht. Ab wann ist Eifersucht in einer Beziehung angebracht? Das ist Thema in vielen Partnerschaften. Es ist ja ein Unterschied, ob der eigene Partner fremdgeht oder mit jemand anderem in den Film geht, den man selbst ohnehin nicht sehen will. Hier gilt es, die Situation genau zu betrachten und zu klären, ob Grund zur Eifersucht besteht oder nicht. Im einen Fall ist der Kinobesuch völlig in Ordnung, im anderen möglicherweise nicht, weil es nicht um den Film, sondern um die Nähe zu einer anderen Person geht.

So ist auch beim Thema Götzendienst ein differenzierter Blick notwendig. Schließlich muss nicht alles, was Spaß macht oder wofür man sich einsetzt, gleich ein Götze sein. Die Antwort auf die Frage, wann etwas im eigenen Leben ein Götze ist, hängt letztlich davon ab, wann eine Person oder eine Sache die Position Gottes einnimmt.

Wer die Götzen im eigenen Leben entlarven will, muss also auch den lebendigen Gott besser kennenlernen, um zu wissen, welche Beziehung Gott zu uns haben will. Das ist ein lebenslanger Prozess, in dem wir als Nachfolger von Jesus stehen.

Sünde und Götzendienst

Kyle Idleman spricht davon, dass hinter unserem sündhaften Verhalten *»oft die Verehrung eines falschen Gottes zum Vorschein kommt. Die vordergründige Sünde ist ihre Frucht, aber die Wurzel ist die Götzenverehrung.«* Auch Paulus sieht hinter der Macht der Sünde das Problem des Götzendienstes (Röm 1,21). Zugleich weiß er aber, dass Gottes Geduld und Liebe uns Menschen zur Umkehr bewegt (Röm 2,4). Gerade wo Gottes Wort in unserem Herzen regiert, kommt auch Sünde in unserem Leben zum Vorschein (1. Joh 1,10; Röm 7,21-25). Unser Heilwerden in Gott ist ein Wachstumsprozess (1. Thess 4,1-7). So werden wir als Christen immer wieder mit unserem sündhaften Verhalten und somit auch mit unserem »Götzendienst« konfrontiert. Aber als Christen nehmen wir Jesus als Erlöser ernst. Wir wollen von unserem »Götzendienst« wegkommen, weil wir Gottes Liebe in Christus erkannt haben (1. Joh 4,10). Wir wollen nicht weiter in der Sünde bleiben (Röm 6,15f). Wenn wir von Gott auf eine »Untreue« in unserem Leben hingewiesen werden, können wir auf seine Treue und Vergebung vertrauen (1. Joh 1,9; 2. Tim 2,13). Wir wissen um die Geduld des liebenden Vaters, der auf seinen Sohn wartet (Lk 15,11ff). Zugleich wissen wir aber auch um den Schweinetrog des verlorenen Sohnes. Uns ist klar, dass jede Sünde uns letztlich selbst schadet, während Jesus für uns Liebe und Lebensfülle bereithält (Röm 6,23; Gal 5,22ff). »Untreue« Gott gegenüber beginnt bereits dort, wo wir uns innerlich von Gott abwenden, also bereits bevor uns unser sündhaftes Verhalten bis zum »Schweinetrog« geführt hat (Lk 15,28ff). Das heißt, auch wenn wir (oder andere) noch nicht so massiv unter unserer Sünde leiden wie beispielsweise die Personen, die in den Filmen von ***Gods at War*** Zeugnis ablegen, können wir bereits mitten im Götzendienst stecken.

Dieses Buch kann helfen, den eigenen wunden Punkten bzw. den falschen Göttern im eigenen Herzen auf die Spur zu kommen. Vor allem soll es aber helfen, Gottes Nähe neu zu erfahren und ihn im eigenen Herzen regieren zu lassen. Denn daraus erwächst uns wahre Erneuerung.

Verbunden mit dem lebendigen Gott

Die Bibel berichtet uns von einem Nachfolger von Jesus, der mitten in Athen auf dem Marktplatz stand und diesen lebendigen Gott verkündete – den Gott, der uns Menschen in Jesus Christus mit seiner heilenden Liebe nahekommt. Dieser Nachfolger war Paulus, und im Gespräch mit den Intellektuellen der Stadt nannte er ihnen den Hauptunterschied zwischen ihren toten Götzen und dem einen wahren Gott:

Gott braucht keine Hilfe von Menschen. Er selbst gibt allem, was ist, Leben und Atem, und er stillt jedes Bedürfnis, das ein Mensch haben kann. (Apg 17,25)

Der lebendige Gott stillt unsere Bedürfnisse aus freien Stücken, einfach so, weil er uns liebt! Diese Liebe heilt uns und tut uns gut. Und in dieser Liebe steckt zugleich eine große Freiheit: Wir wissen, dass sich Gott selbst liebevoll um uns kümmert und alles für uns gibt.

Paulus weiß, dass die Liebe Gottes in den Herzen der Gläubigen wachsen muss. Schritt für Schritt müssen unsere Herzen von Gott eingenommen werden. Folgendes Gebet richtet er an die Gemeinde in Ephesus (Eph 3,14-21). Es ist auch das Gebet, das über den nächsten Wochen stehen soll und in das ich als Autor dieses Buches gerne einstimme – für dich und alle Menschen, die sich mit dem Thema ***Gods at War*** beschäftigen:

Ich kann nur meine Knie beugen vor Gott, dem Vater, dem Vater von allem, was im Himmel und auf der Erde ist. Ich bete, dass er euch aus seinem großen Reichtum die Kraft gibt, durch seinen Geist innerlich stark zu werden. Und ich bete, dass Christus durch den Glauben immer mehr in euren Herzen wohnt und ihr in der Liebe Gottes fest verwurzelt und gegründet seid. So könnt ihr mit allen Gläubigen das ganze Ausmaß seiner Liebe erkennen. Und ihr könnt auch die Liebe erkennen, die Christus zu uns hat; eine Liebe, die größer ist, als ihr je begreifen werdet. Dadurch wird euch der Reichtum Gottes immer mehr erfüllen. Durch die mächtige Kraft, die in uns wirkt, kann Gott unendlich viel mehr tun, als wir je bitten oder auch nur hoffen würden. Ihm gehört alle Ehre in der Gemeinde und durch Christus Jesus für alle Zeit und Ewigkeit. Amen.

www.godsatwar.de
Hier findet ihr Informationen zur Initiative und den Angeboten rund um *Gods at War*. Dort gibt es auch einen Blog, auf dem verschiedene Leute von ihren Erfahrungen mit *Gods at War* berichten.

Wollt ihr auch über eure Erfahrungen mit *Gods at War* bloggen? Dann meldet euch bei Imke Früh unter *film@scm-haenssler.de*.

www.godsatwar.com
Das ist die englischsprachige Original-Website von *Gods at War* in den USA.

www.facebook.com/godsatwar.deutschland
Auf facebook ist *Gods at War* auch in Deutschland vertreten: Hier erfahrt ihr immer das Neueste und könnt euch mit anderen über *Gods at War* austauschen.

GODS AT WAR – DER KAMPF UM UNSER HERZ

A Gemeinsames Singen und Beten

LIEDVORSCHLÄGE

- Zwischen Himmel und Erde (Feiert Jesus! 3, Nr. 221)
- Gnade und Wahrheit (Feiert Jesus! 3, Nr. 118)
- Befreit durch deine Gnade (Feiert Jesus! 4, Nr. 158)
- Freiheit der Kinder Gottes (Feiert Jesus! 4, Nr. 161)
- Mighty to Save (Feiert Jesus! 4, Nr. 22)
- Everlasting God (Feiert Jesus! 4, Nr. 69)

B Schaut gemeinsam Episode 1 (Einführung) der DVD *Gods at War* an.

C Persönliche Zeit zum Reflektieren (vielleicht mit ruhiger Musik im Hintergrund)

Was hat dich persönlich am meisten angesprochen? Hat dich etwas überrascht, geärgert, gefreut, befremdet, berührt, schockiert oder bewegt?

Kyle Idleman spricht vom Dilemma der Sünde, das in Röm 7,15 so beschrieben wird: *»Ich begreife mich selbst nicht, denn ich möchte von ganzem Herzen tun, was gut ist, und tue es doch nicht. Stattdessen tue ich das, was ich eigentlich hasse.«*

Findest du dich in diesem Text wieder? Fallen dir Situationen ein, in denen du anders gehandelt hast, als du eigentlich wolltest? Gibt es einen Bereich, in dem dir das immer wieder passiert?

Wie reagierst du auf solche »Glaubensniederlagen«? Wie fühlst du dich, und was tust du dagegen?

D Kurzer Austausch in der Gruppe

Wer will, sagt ein, zwei Sätze, was ihm persönlich wichtig geworden ist. Sammelt einfach nur Statements, ohne darüber zu diskutieren.

E Gespräch zum Thema »Götzendienst als Ursache von Sünde«

Überlege dir, welche Dinge, Personen oder Themen dich im Alltag am meisten beschäftigen. Welchen Platz nimmt Gott darin ein? Könntest du dir vorstellen, dass diese Dinge/Personen eine solche Macht über dich bekommen, dass es dir unmöglich wird, nach Gottes Willen zu leben?

F Bibeltext zum Vertiefen: Lest gemeinsam 2. Mose 32,1-6

FRAGEN ZUM TEXT:

- Welche Gründe nennt der Text für den Wunsch des Volkes nach einem Götzen? Gibt es Momente, in denen es dir ähnlich geht? Wie reagierst du in solchen Situationen?
- Gott hat sein Volk aus der Sklaverei geführt. Doch es ist blind geworden für diese Freiheit. Das Gute, das Gott ihnen getan hat,

haben sie vergessen. Undankbarkeit und Frust machen uns anfällig für falsche Götter. Tauscht euch darüber aus, was Gott euch (in letzter Zeit oder insgesamt in eurem Leben) Gutes getan hat.

- Das goldene Kalb gibt es nicht umsonst. Die Menschen müssen zur Herstellung des Götzen ihren Schmuck abgeben. Auch die Freiheit des Volkes, der Auszug aus Ägypten hatte seinen Preis. Worin liegt eurer Meinung nach der Unterschied zwischen den Opfern für Gottes Plan und den Opfern, die Götzen verlangen?
- Aaron baut zwar das goldene Kalb, will aber das Fest für den lebendigen Gott feiern. Kennst du solche »frommen Kompromisse«, die doch Götzendienst sind?

G Gebetszeit mit Fürbitte für die kommende Woche

Platz für Gebetsanliegen

DEINE FAMILIE

Zitate für den Tag

Warum habt ihr im Land Israel das Sprichwort: »Die Eltern haben saure Trauben gegessen, und den Kindern werden die Zähne stumpf?« »So wahr ich lebe«, spricht Gott, der HERR, »dieses Sprichwort soll in Israel nicht mehr gebraucht werden.«
(Hesekiel 18,2-3)

Wir opfern uns für die Arbeit auf, weil unser Vater das immer tat. Wir dienen dem Geld, weil unsere Mutter uns das vorlebte. Viele von uns weihen ihr Leben den Göttern ihrer Vorfahren.
(Kyle Idleman)

Fragen für dich

Was uns in unserer Familie vorgelebt wird, ist uns besonders vertraut. Deshalb kann es passieren, dass wir die Götzen unserer Eltern unbewusst übernehmen. Die folgenden Fragen können dir helfen, diesen Götzen auf die Spur zu kommen:

Über was wurde/wird in deiner Familie am meisten gesprochen? Gab/gibt es ein Lieblingsthema oder bestimmte Tabus?

Mit welchen Ansichten oder Verhaltensweisen würdest du den »Haussegen« aufs Spiel setzen? Glaubst du, dass sich hinter diesen Dingen ein Götze verbergen könnte? Wenn ja, was für einen Namen würdest du ihm geben?

___

___

___

___

___

___

Impuls

Gott nimmt dich und deine Familie in eurer Eigenständigkeit ernst, weil er euch liebt. Er weiß, wie tief die Prägungen durch deine Familie sind. Er will dir helfen, sie zu erkennen. In Jesus hast du ein neues Zuhause (Mt 12,46-50; Mt 19,29). Du kannst Gott bitten, mögliche Fehlprägungen deiner Kindheit wegzunehmen und dich im Sinne deines neuen Zuhauses ganz neu zu prägen.

Gebetsvorschlag

Danke, Vater, dass du mir ein neues Zuhause gibst und meine Lebensprägung in deiner Hand liegt. Bitte zeig mir, wo Dinge aus meiner Familie deinen Platz besetzen, und erneuere mein Denken. Nimm mich hinein in deine Freiheit, und mach mir klar, was dir wichtig ist.

DEINE KULTUR

Zitate für den Tag

Aber mein Volk hat mich vergessen: Sie opfern nutzlosen Götzen. Diese verführten sie und brachten sie von den alten, guten Wegen ab, sodass mein Volk jetzt auf Trampelpfaden vor sich hin stolpert. (Jeremia 18,15)

Du gehörst vielleicht keiner Religion an, aber du dienst irgendeinem Gott. Nichts zu verehren, ist keine Option. (Kyle Idleman)

Fragen für dich

Welche Leute sind in deinem Umfeld besonders beliebt oder verhasst und warum? Welche Ansichten sind populär, welche »out«?

Wie stehst du zu dem, was deinem Umfeld wichtig ist? Inwiefern lässt du dich davon beeinflussen bzw. wie unabhängig bist du davon?

Impuls

Was bei den Leuten in unserem Umfeld wichtig und angesagt ist, kann eine starke Macht auf uns ausüben. Wer sich diesen Dingen entzieht, weil er erkannt hat, dass Gott andere Prioritäten setzt, kann schnell ins Abseits geraten. Doch Paulus schreibt: *»Gott hat einen hohen Preis für euch bezahlt, deshalb werdet nicht Sklaven von Menschen.«* (1. Kor 7,23) Mach dir heute noch einmal klar: Auch unpopuläre Entscheidungen führen dich in die Freiheit, wenn sie dem Willen Gottes für dein Leben entspringen.

Gebetsvorschlag

Jesus, danke, dass ich nicht Sklave meiner Kultur und meines Umfelds sein muss. Zeige mir, wo ich mich von den Wertvorstellungen der Gesellschaft gefangen nehmen lasse, und führe mich in deine Freiheit. Gib mir den Mut, meine Einzigartigkeit zu erkennen und zu leben.

DEINE INVESTITIONEN

Zitate für den Tag

Jesus spricht: »Wo immer euer Reichtum ist, da wird auch euer Herz sein.« (Lukas 12,34)

Unsere größten Investitionen entlarven oft unsere heiligsten Götzen. (Kyle Idleman)

Fragen für dich

In Dinge, die uns wirklich wichtig sind, investieren wir – nicht nur Geld, sondern auch Zeit, Herzblut und Energie. Aber wenn diese Dinge höchste Priorität bekommen, verdunkelt sich die Wahrheit, dass Gott ein Ziel für unser Leben hat (Lk 11,34ff; Lk 2,29-39).

Womit verbringst du die meiste Zeit nach der Arbeit oder der Schule? Empfindest du diese Zeit als geschenkte oder gestohlene Zeit?

Wofür gibst du gerne und ohne lange zu überlegen dein Geld aus? Wo investierst du viel Zeit und Energie?

Impuls

Götzen fordern dein Opfer. Sie sind abhängig von deinem Engagement. Du musst also investieren, um deinen (vermeintlichen) Lohn zu erhalten. Bei Jesus ist das anders. Er ist gekommen, um dir zu dienen (Lk 22,27). Deine Lebensqualität und dein Lebensinhalt müssen nicht in erster Linie von deinem Einsatz abhängen, sondern können aus der Liebe Gottes kommen, die dir in Jesus begegnet. Investiere die nächsten Tage bewusst in Jesus. Lass dich neu mit seiner Liebe und Kraft füllen (Eph 3,16). Er zeigt dir, wie weit seine Kraft in deinem Leben reicht – gerade auch bei den »kleinen« Herausforderungen deines Alltags.

Gebetsvorschlag

Jesus, du siehst mein Engagement in meinem Leben und was ich mir davon erhoffe. Letztlich bist du meine Hoffnung, und ich will mein Leben auf dich hin ausrichten. Danke, dass du mir dienen willst, und dass ich nicht in Vorleistung treten muss, um dir nahe sein zu können. Lass diese Wahrheit tief in mein Herz fallen, und zeige mir die leblosen Götzen, die mir Kraft, Geld und Zeit rauben. Hilf mir zu erkennen, wie ich all das besser investieren kann.

DEINE TRÖSTER

Zitate für den Tag

Paulus schreibt an die Korinther: »Doch Gott, der die Entmutigten aufrichtet, hat uns durch die Ankunft von Titus getröstet.« (2. Korinther 7,6)

Worin wir Trost suchen, kann uns zeigen, welcher Gott den Kampf um unser Herz gewinnt. (Kyle Idleman)

Fragen für dich

Erinnere dich an die letzte Situation, in der du frustriert oder verletzt warst. Was hast du gemacht, um dich zu trösten?

Gibt es verschiedene Dinge, die dich wieder aufheitern, oder hast du einen Favoriten unter den »Tröstern« (z. B. Schokolade, deine beste Freundin, Chips und Bier oder den PC)?

Welche Rolle spielt Gott für dich in solchen Situationen? Inwiefern hast du ihn schon als Tröster erlebt?

____

____

____

____

____

Impuls

Du bist nicht allein in Situationen, die dich frustrieren oder traurig machen. Gott will dir zur Seite stehen (Joh 14,26-29). Durch seinen Heiligen Geist kann er dich auf vielseitige Weise trösten, z. B. durch Bibeltexte, Lieder, Eindrücke, Gedanken, Gefühle oder Menschen. Denn er weiß, was du wirklich brauchst. Nimmst du diese Quelle des Trostes in Anspruch oder vertauschst du die Gaben mit dem Geber? Dinge können zur Sucht werden, weil sie schnellen, machbaren Trost versprechen. Aber Gott nimmt deine Verletzungen sehr ernst und kann deshalb dein wahrer Tröster sein.

Gebetsvorschlag

Danke, Vater, dass du mich nicht in meiner Trauer und meinem Frust allein lässt. Hilf mir zu erkennen, was mir wirklich hilft. Mach mir klar, dass du der beste Tröster bist, und weise mich darauf hin, wenn ich meinen Trost in Dingen suche, die deiner Fürsorge widersprechen. Gib mir Mut, mit dir zusammen konkrete Schritte zu wagen, und mache mich aufmerksam auf die Menschen, die du mir dabei hilfreich zur Seite stellst.

DEINE ÄNGSTE

Zitate für den Tag

Ich betete zum HERRN, und er antwortete mir und befreite mich von allen meinen Ängsten. (Psalm 34,5)

Unsere Ängste weisen oft auf Götzen hin, denn sie können zeigen, woran wir unseren Lebenssinn, unseren Wert und manchmal sogar unsere Identität festmachen. (Kyle Idleman)

Fragen für dich

Was wäre das Schlimmste, was dir in deinem Leben passieren könnte? Und vor welchen (vielleicht kleineren) Dingen hast du im Alltag Angst?

Was tust du gegen diese Ängste bzw. was tust du, um die Dinge, vor denen du Angst hast, zu verhindern?

Denke an zwei oder drei konkrete Ängste, die dir im Alltag begegnen und notiere auf einer Skala von 1 bis 10, wie stark sie dein Denken und Handeln bestimmen.

Angst vor ________________________________
(gar nicht) 1 – 2 – 3 – 4 – 5 – 6 – 7 – 8 – 9 – 10 (extrem stark)

Angst vor ________________________________
(gar nicht) 1 – 2 – 3 – 4 – 5 – 6 – 7 – 8 – 9 – 10 (extrem stark)

Angst vor ________________________________
(gar nicht) 1 – 2 – 3 – 4 – 5 – 6 – 7 – 8 – 9 – 10 (extrem stark)

Impuls

Oft versuchen wir, Ängste zu verdrängen, und erhalten sie dadurch vielleicht erst recht am Leben. Doch Angst soll nicht dein Leben bestimmen. Gott will mit seiner Liebe, in der keine Angst ist, die treibende Kraft sein (1. Joh 4,17-18). Mit Jesus kannst du Angst überwinden (Joh 16,33). Gibt es eine bestimmte Angst, der du dich zusammen mit Jesus stellen willst, um Raum zu schaffen für die Liebe Gottes?

Gebetsvorschlag

Jesus, du weißt, welche Macht meine Ängste über mich haben können. Hilf mir zu verinnerlichen, dass ich bei dir keine Angst zu haben brauche, und lass mich erkennen, wo die Angst deine Liebe in meinem Leben trübt. Gib mir den Mut, mich dieser Angst zu stellen. Danke, dass ich dabei meine Hand in deine Hand legen darf. Schenke mir ein Bewusstsein für deine Nähe und die Überwindungskraft deiner Liebe.

DEINE ÄRGERNISSE

Zitate für den Tag

Der HERR antwortete Jona: »Ist es recht, dass du deshalb zornig bist?« (Jona 4,4)

Ein Indiz für ein hohes Maß an Frust ist es, wenn wir uns beklagen. Unser Jammern kann auf einen Götzen in unserem Leben hinweisen. (Kyle Idleman)

Fragen für dich

Starke Gefühle wie Zorn und Wut gehören zu unserem Leben. Schwierig wird es, wenn unsere Wut ihren Ursprung darin hat, dass wir auf etwas anderes gebaut haben als auf Gott.

Erinnere dich, wann du das letzte Mal so richtig wütend warst. Was war die Ursache dafür?

Gibt es Dinge, die dich grundsätzlich wütend machen, egal wie ausgeglichen dein Tag bis dahin verlief? Wie gehst du normalerweise damit um?

____

____

____

____

____

____

Impuls

Gott hat dich mit der Fähigkeit ausgestattet, Gefühle wahrzunehmen. Er ignorierte Jonas Wut nicht, und verlangt auch von dir nicht, dass du Ärger grundsätzlich mit einem Lächeln herunterschluckst. So wie Gott auf Jona einging und mit ihm über seine Gefühle sprach, möchte er auch mit dir umgehen: Er liebt dich, egal ob dein Zorn berechtig ist oder nicht.

Gebetsvorschlag

Vater, danke, dass du dich für mich und meinen Gemütszustand interessierst. Hilf mir, mich im Gespräch mit dir für deine Sicht der Dinge zu öffnen. Bitte zeig mir, wo mein Zorn angebracht ist und wo nicht, und weise mich darauf hin, wenn meine Wut falschen Erwartungen und überzogenen Ansprüchen entspringt. Bitte schenke mir deinen Frieden.

DEINE TRÄUME

Zitate für den Tag

Diesen Traum erzählte Josef nicht nur seinen Brüdern, sondern auch seinem Vater, und dieser wies ihn deswegen zurecht. »Was für einen Traum hast du da gehabt?«, fragte er. »Sollen deine Mutter, deine Brüder und ich uns etwa vor dir verneigen?«
(1. Mose 37,10)

Wovon träumst du? Wo bist du mit Leidenschaft dabei? Vielleicht beim Sport oder beim Dekorieren? Beim Thema Musik, bei deinem Aussehen oder im Job? Daran muss nicht grundsätzlich etwas falsch sein. Aber könnte es sein, dass manche dieser Dinge dir wichtiger sind als Gott? (Kyle Idleman)

Fragen für dich

Was sind deine Lebensträume? Welche Hoffnung verbindest du mit ihnen? Was würde sich für dich verändern, wenn sie sich erfüllen / nicht erfüllen würden?

Welches Mitspracherecht hat Gott bei deinen Lebensträumen? Was meinst du, welche Haltung er dazu einnimmt?

____

____

____

____

____

____

Impuls

Jakob wies Josef für seinen Traum zurecht. Vermutlich fand er einen solchen Traum arrogant und glaubte nicht, dass dieser Traum Gottes Plan für Josefs Leben zeigte. Manchmal entsprechen Gottes Pläne gar nicht unseren Erwartungen oder den Vorstellungen unserer Umgebung. Wenn du dich auf die Suche nach dem Traum Gottes für dein Leben machst, wird Unglaubliches denkbar. Doch der Weg dahin kann manchmal anders aussehen, als du dachtest. Und dieser Weg wird deine Persönlichkeit Gott ähnlicher werden lassen (1. Mo 50,19-21).

Gebetsvorschlag

Jesus, du weißt, wovon ich träume und was ich mir davon erhoffe. Ich lege meine Träume in deine Hand. Schenk mir Vertrauen darauf, dass du deinen Traum für mein Leben verwirklichst. Lass mich ein Gespür dafür bekommen, was du dir für mich wünschst.

Hier kannst du notieren, was dir diese Woche wichtig geworden ist und welche Fragen dir gekommen sind.

WENN GENUSS ZUM GÖTZEN WIRD

A Gemeinsames Singen und Beten

LIEDVORSCHLÄGE

- Wohin sonst (Feiert Jesus! 3, Nr. 78)
- Wunderbarer Hirt (Feiert Jesus! 3, Nr. 75)
- Nur den Saum deines Gewandes (Feiert Jesus! 3, Nr. 172)
- Du allein (Feiert Jesus! 4, Nr. 178)
- Ohne dich (Feiert Jesus! 2, Nr. 139)
- This is the Air I Breathe (Feiert Jesus! 3, Nr. 103)

B Rückblick

Tauscht euch darüber aus, welche Erfahrungen ihr in der vergangenen Woche gemacht habt. Eure Notizen unter »Reflexion Woche 1« können euch dabei helfen.

C Schaut gemeinsam Episode 2 (Der Götze Genuss) der DVD *Gods at War* an.

D Persönliche Zeit zum Reflektieren (eventuell mit ruhiger Musik im Hintergrund)

Wie geht es dir mit diesem Film? Welche Gefühle hat er in dir ausgelöst? Hat dich etwas besonders angesprochen oder abgestoßen?

Paul Jones' exzessives Essen und Erbrechen stand am Ende eines jahrelangen falschen Umgangs mit Essen. Wo siehst du den Ursprung seines Problems?

Pauls Geschichte ist ein Extrembeispiel dafür, wie zerstörerisch sich die Versklavung an einen Götzen auswirken kann. Auch wenn es bei dir nicht so extrem ist wie bei Paul, gab es Elemente in seiner Geschichte, in denen du dich wiederfinden konntest oder Aussagen (von Paul oder Kyle), die einen wunden Punkt bei dir berührt haben?

Paul Jones hatte eigene Pläne für sein Leben. Gott sollte diese Pläne lediglich segnen. Wer plant dein Leben? Gibt es Bereiche, die du gerne selbst in der Hand hast?

Was nimmst du aus der Geschichte von dem Mädchen und der Perlenkette mit? Hast du in deinem Glaubensleben schon Ähnliches erlebt?

E Austausch und Diskussion zum Thema »Wenn Genuss zum Götzen wird«

Ihr könnt euch entweder mit euren Antworten zu den Fragen unter D beschäftigen oder die folgenden Fragen zur Diskussion stellen: Was könnte dahinterstecken, wenn Menschen ständig um das Thema Genuss kreisen bzw. immer möglichst schnell ihre Lust befriedigen wollen? Wann schadet uns das »Lustprinzip«? Ab wann wird Genuss zu einem Götzen?

F Bibeltext zum Vertiefen: Lest gemeinsam 1. Petrus 4,1-3

FRAGEN ZUM TEXT

- Petrus ermutigt die Gläubigen, Leiden für Christus in Kauf zu nehmen, um sich gegen die Sünde zu entscheiden. Was sind für dich Leiden aufgrund deiner Nachfolge? Warum kann es wichtig sein, Leid auszuhalten und nicht sofort wieder ein Wohlgefühl herzustellen? Was sagt dir der Text und was sind deine eigenen Erfahrungen?
- Maßlosigkeit und zügellose Leidenschaften sind für Petrus nicht von Gott gewollt. Wer darf die Zügel deines Genussverhaltens in der Hand halten? Welchen »Maßstab« setzt du bei dir selbst und bei anderen an?
- Gott ist sicher nicht gegen Spaß und Freude, er will sogar dass wir uns vollkommen freuen (Röm 14,17; Neh 8,10; Lk 2,10; 1. Joh1,4). Aber nicht alles, was uns vielleicht Spaß macht, kommt von Gott. Wenn Menschen beginnen, Jesus nachzufolgen, kann der Heilige Geist aufdecken, welche Dinge, die uns Spaß machen, für uns oder andere schädlich sind. Wo hast du so etwas schon erlebt?

G Gebetszeit mit Fürbitte für die kommende Woche

Platz für Gebetsanliegen

ESSEN UND GENUSSMITTEL

Zitate für den Tag

Betrinkt euch nicht mit Wein; sonst ruiniert ihr damit euer Leben. Lasst euch stattdessen vom Heiligen Geist erfüllen. (Epheser 5,18)

Ich kann mich daran erinnern, dass ich in diesem leeren Apartment saß und Essen in mich hineinstopfte, bis ich mich übergeben musste – mehr als einmal. (Paul Jones)

Fragen für dich

Was konsumierst du am liebsten, wenn es dir nicht gut geht oder du Stress hast?

____

____

____

____

Bestimmte Konsumgüter gelten als Genussmittel (z. B. Tabak, Süßigkeiten, Alkohol, Kaffee). Welche davon bereiten dir den größten Genuss? Und welche konsumierst du einfach so, ohne sie besonders zu genießen?

____

____

Stell dir vor, du würdest eine vierwöchige Fastenzeit planen: Bei welchem Lebens- oder Genussmittel würde dir der Verzicht am schwersten fallen?

Impuls

Jesus selbst war kein Kostverächter und lebte auch nicht in alkoholischer Abstinenz (Lk 7,34). Aber er wusste auch: *Der Mensch braucht mehr als nur Brot zum Leben* (Mt 4,4). Ich lade dich zu folgendem Versuch ein: Verzichte diese Woche bewusst, auf das, was du am liebsten konsumierst. Überlasse es ganz bewusst Gott und lass ihn entscheiden, ob er es dir wieder zurückgibt, oder ob er dir etwas anderes dafür anbieten möchte.

Gebetsvorschlag

Jesus, bitte weise mich darauf hin, wenn ich mir falsche Tröster suche. Bitte vergib mir, wo ich mich mit Genussmitteln beruhigt oder getröstet habe, anstatt deine Nähe zu suchen. Wo mein Genussverhalten in Ordnung ist, schenke mir ein ruhiges Gewissen und die Erkenntnis, dass du dich freust, wenn ich das Leben genieße.

UNTERHALTUNG, SPASS UND ABLENKUNG

Zitate für den Tag

Und es wird in der Welt zugehen wie zur Zeit Lots. Die Menschen gingen alltäglichen Dingen nach – sie aßen und tranken, kauften und verkauften, pflanzten und bauten –, bis zu dem Morgen, an dem Lot Sodom verließ. (Lukas 17,28-29a)

Nur wenn Gottes Geschenke irgendwann selbst den Platz Gottes in unserem Herzen einnehmen, entwickeln sie eine zerstörerische Kraft. (Kyle Idleman)

Fragen für dich

Arbeit, Partys, Hobbys, Film und Fernsehen, Facebook, PC, Bücher usw. können viel Zeit in Anspruch nehmen. Wo liegt dein Schwerpunkt in Sachen Zeitvertreib?

Wenn du ehrlich zu dir selbst bist: Gibt es etwas Bestimmtes, wovon du dich mit diesen Dingen ablenken willst? Vielleicht eine spezielle Sorge, Not, Lebensfragen, Einsamkeit oder eine diffuse Leere?

____

____

____

____

____

____

Impuls

Wenn du möchtest, kannst du die Verzichtübung für diese Woche um eine Sache aus dem Bereich Unterhaltung und Ablenkung erweitern. Vielleicht entdeckst du eine neue Ruhe in deinem Alltag. Oder du bemerkst eine Unruhe, die dich sonst zur Ablenkung antreibt. Bitte doch Gott darum, dass er dir zeigt, wie du deine Zeit sinnvoll und mit ihm zusammen verbringen kannst.

Gebetsvorschlag

Jesus, danke, dass du für mich Leben in Fülle hast. Hilf mir, mich nach deinem Heil auszustrecken in meiner Einsamkeit, meinen Sorgen und meiner Leere. Lass mich glauben und erfahren, dass du nicht Zwang und Freudlosigkeit von mir willst, sondern dass du mein ganzes Leben mit deiner herrlichen und reichen Gegenwart füllen möchtest.

GESUNDHEIT, SCHÖNHEIT UND FITNESS

Zitate für den Tag

Oder wisst ihr nicht, dass euer Leib ein Tempel des Heiligen Geistes in euch ist, der in euch lebt und euch von Gott geschenkt wurde? (1. Korinther 6,19)

Ich hätte mir nie träumen lassen, dass Gott einen Mann, der 200 Kilo auf die Waage bringt, als Fitnessberater in der Gemeinde gebrauchen kann. (Paul Jones)

Fragen für dich

Treibst du Sport und bist auf deine Gesundheit bedacht? Hast du Angst krank oder übergewichtig zu werden? Tust du es aus Freude über deinen Körper und Gottes Schöpfung?

Wem gehört dein Körper? Wer darf bestimmen, was du mit ihm machst? Gibt es Momente, in denen du Gott für deinen Körper dankbar bist?

Wie wichtig ist dir dein Körper? Wie viel Zeit, Geld und Energie verwendest du auf die Pflege deines Körpers (Fitnessstudio, Friseur, Maniküre, Kosmetika etc.) und warum?

Impuls

Gott hat deinen Körper geschaffen und liebt ihn so sehr, dass er in ihm wohnen will (1. Kor 6,19). Wenn du achtsam mit deinem Körper umgehst, entspricht das Gottes Willen. Gleichzeitig bist du aber mehr als dein Körper. Ein Gebetsspaziergang mit deinem Herrn kann Körper und Seele guttun und ganz neue Erfahrungen mit sich bringen! Dort könntest du ihn fragen, wie du sinnvoll mit deinem Körper umgehen sollst!

Gebetsvorschlag

Jesus, danke, dass du in mir wohnst und auch Herr über meinen Körper bist. Danke, dass du mich wunderbar gemacht hast. Ich will achtsam mit meinem Körper umgehen. Aber wenn ich meinem Körper mehr Aufmerksamkeit und Pflege schenke als meiner Beziehung zu dir, weise mich darauf hin und vergib mir. Bitte hilf mir, dir den ersten Platz einzuräumen.

ENTSPANNUNG UND WELLNESS

Zitate für den Tag

Der Weise ist mit seinen Gedanken und seinem Herzen bei denen, die trauern; ein Dummkopf überlegt nur, wie er es sich gut gehen lassen kann. (Prediger 7,4)

Was ich letztlich gelernt habe, war Folgendes: Für Gott ist es nicht nur wichtig, mich zu trösten, es ist ihm auch wichtig, mich zu heilen. (Paul Jones)

Fragen für dich

Urlaub, Sauna, Thermalbad, eine entspannende Massage oder ein heißes Bad können zum persönlichen Wohlfühlprogramm gehören. Was machst du, um es dir gut gehen zu lassen?

In welchen Situationen ist dir dein Wohlfühlprogramm besonders wichtig? Und hast du schon erlebt, dass dir das nur oberflächlich geholfen hat? Wenn ja, wie bist du damit umgegangen?

Inwieweit gibt dir dein Glaube »Wellness«?

Impuls

Jesus ging es nicht in erster Linie um sein eigenes Wohlergehen: Am Kreuz brachte er uns Heilung (Jes 53,1ff) und hielt dort alle Schmerzen aus (Mt 27,33). Vielleicht wirst du wie Paul Jones erleben, dass ein Heilungsprozess nicht ohne Schmerzen abläuft. Aber Gott will nicht nur, dass du dich gut fühlst, sondern dass du durch und durch heil wirst.

Gebetsvorschlag

Vater, danke, dass du mich wirklich heilen und nicht nur meinen Schmerz betäuben willst. Mach mich bereit, meine Wunden zu erkennen und sie dir hinzuhalten. Bitte hilf mir, mich von dir beschenken zu lassen und alles dankbar aus deiner Hand anzunehmen – in Zeiten des Leids wie in Zeiten des Wohlergehens.

KONSUM UND SHOPPING

Zitate für den Tag

Wer den Wohlstand liebt, wird immer von der Gier nach mehr getrieben werden. (Prediger 5,9)

Gott war für mich eine Ware, die ich erwerben und manipulieren, besitzen und beherrschen konnte. (Paul Jones)

Fragen für dich

Die Werbung suggeriert ein besseres Lebensgefühl, wenn man das angepriesene Produkt kauft. Wann warst du das letzte Mal shoppen, um dich besser zu fühlen?

____

Was steht momentan ganz oben auf deiner Wunschliste? Das neuste Handy, ein schnelles Auto, schicke Klamotten oder ein Computerspiel? Und was steckt hinter diesem Wunsch?

____

____

____

Wie geht es dir, wenn du dein Wunschprodukt tatsächlich gekauft hast? Wie lange dauert es bis es dich wieder in den nächsten Laden zieht?

Wie beziehst du Gott in dein Konsumverhalten mit ein?

Impuls

Traust du Gott zu, dass er dir Zufriedenheit schenkt, die nicht an deinem Besitz hängt? Vielleicht probierst du es einfach aus: Frage Gott vor deinem nächsten Einkauf, was er davon hält. Gott meint es gut mit dir und wird dich segnen (Jes 48,17-22).

Gebetsvorschlag

Jesus, ich danke dir, dass wir in unserem Land in so großem Wohlstand leben können. Danke aber auch, dass du uns von der Schattenseite unseres Konsumverhaltens in dein Licht holen willst. Mach mir bewusst, wo ich mein Wohlbefinden von Konsumgütern abhängig mache. Bitte hilf mir, dich Herr über mein Kaufverhalten sein zu lassen.

SEX, EROTIK UND PORNOGRAFIE

Zitate für den Tag

Wie wundervoll ist deine Liebe, meine Schwester, meine Braut! Wie viel süßer ist sie als Wein; und der Duft deiner Salben ist köstlicher als alle Gewürze. (Hohelied 4,10)

»Sex« ist das Wort, das in den Suchmaschinen des Internets am häufigsten eingegeben wird. Die meisten Suchbefehle erfolgen zwischen 9 Uhr morgens und 5 Uhr nachmittags, also während der normalen Arbeitszeit. (Kyle Idleman)

Fragen an dich:

Welchen Stellenwert hat Sex in deinem Leben? Hat Sex für dich mit Liebe zu tun?

____

____

____

Wie steht Gott aus deiner Sicht zu deiner Sexualität und deinen sexuellen Fantasien? Gibt es dabei Dinge, von denen du denkst, dass sie nicht Gottes Willen entsprechen?

____

____

____

Kannst du Gott in deine Gedanken und Gefühle im Bereich Sexualität mit einbeziehen? Kannst du mit ihm darüber reden? Wenn nein, weshalb nicht?

Impuls

Gott ist der Erfinder von Sex, Liebe und Lust. Eine erfüllte Sexualität entfaltet sich, wenn Gott auch in diesem Bereich den ersten Platz in deinem Herzen hat. Du kannst mit Gott über alles reden – auch über deine sexuellen Wünsche, selbst über Dinge, für die du dich schämst oder von denen du denkst, dass sie nicht Gottes Willen entsprechen. Wenn du mit solchen Dingen kämpfst, musst du wissen: Du bist nicht alleine, und es gibt Hilfe! Sprich mit Gott darüber und suche dir diese Woche noch einen Seelsorger, dem du vertraust.

Gebetsvorschlag

Vater, danke, dass du Sexualität für uns spannend, schön und aufregend gemacht hast. Du weißt, wo ich in diesem Bereich Probleme habe. Nimm du auch in meiner Sexualität den ersten Platz ein. Und wo ich ein falsches, prüdes Bild von dir habe, überzeuge mich durch deine Lebenslust. Hilf mir, Sexualität so zu leben, wie du es dir für mich wünschst.

RESÜMEE

Zitate für den Tag

Wir freuen uns auch dann, wenn uns Sorgen und Probleme bedrängen, denn wir wissen, dass wir dadurch lernen, geduldig zu werden. Geduld aber macht uns innerlich stark, und das wiederum macht uns zuversichtlich in der Hoffnung auf die Erlösung.
(Römer 5,3-4)

Das Mantra unserer Gesellschaft scheint zu sein: »Wenn es sich gut anfühlt, tu es! Wenn es dich irgendwo juckt, kratz dich! Wenn du Appetit darauf hast, iss es! Wenn du eine Leidenschaft fühlst, leb sie aus!« (Kyle Idleman)

Fragen an dich:

Lass die vergangene Woche nochmals Revue passieren. Was ist dir wichtig geworden? Was charakterisiert für dich den Götzen des Genusses? Ist dir vielleicht noch eine andere Erscheinungsform eingefallen, die in diesem Buch nicht vorkam?

Hast du Problemstellen in deinem Leben entdeckt? Wenn ja, wie willst du damit umgehen? Willst du mit einer guten Freundin oder einem Seelsorger darüber sprechen?

____

____

____

____

Impuls

Paulus ermutigt uns, in schwierigen Lebenslagen an Jesus dranzubleiben. Das gilt besonders dann, wenn wir unsere falschen Götzen in Angriff nehmen. Sich über solche Sorgen und Probleme zu freuen (Röm 5,3-4), mag ungewöhnlich klingen. Aber genau hier erleben wir Gottes Liebe, die um unser Herz kämpft. Vielleicht entscheidest du dich heute, dieser Liebe neu zu vertrauen. Du brauchst nicht allein zu kämpfen, du kannst dich auf die Kraft von Jesus Christus verlassen (Gal 5,16-24). Gott ist für dich, wer kann gegen dich sein (Röm 8,31)?

Gebetsvorschlag

Jesus, ich danke dir, dass du mich auf Dinge aufmerksam gemacht hast, die ich noch nicht unter deine Herrschaft gestellt habe. Zeige mir auch meinen falschen Ehrgeiz, wo ich versuche, die Dinge ohne dich hinzubekommen. Mach mich bereit, aus deiner Erlösungskraft zu leben und meine Schwierigkeiten auf diese Weise neu anzugehen. Liebe, Freiheit und Vertrauen sollen meine Beziehung zu dir ausmachen. Aus deiner Kraft will ich leben.

Hier kannst du notieren, was dir diese Woche wichtig geworden ist und welche Fragen dir gekommen sind.

WENN LIEBE ZUM GÖTZEN WIRD

A Gemeinsames Singen und Beten

LIEDVORSCHLÄGE
- Weil du uns so liebst (Feiert Jesus! 4, Nr. 13)
- Anker in der Zeit (Feiert Jesus! 2, Nr. 6)
- Wo ich auch stehe (Feiert Jesus! 2, Nr. 133)
- Wohin sonst (Feiert Jesus! 3, Nr. 78)
- How He Loves Us (Feiert Jesus! 4, Nr. 64)
- You Raise Me Up (Feiert Jesus! 4, Nr. 176)
- Beautiful One (Feiert Jesus! 4, Nr. 135)

B Rückblick

Tauscht euch darüber aus, welche Erfahrungen ihr in der vergangenen Woche gemacht habt. Eure Notizen unter »Reflexion Woche 2« können euch dabei helfen.

C Schaut gemeinsam Episode 3 (Der Götze Liebe) der DVD *Gods at War* an.

D Persönliche Zeit zum Reflektieren (eventuell mit ruhiger Musik im Hintergrund)

Wie geht es dir mit diesem Filmabschnitt? Hat dich etwas berührt oder getroffen, nachdenklich gemacht oder verärgert?

____

____

Shannon hat im Bereich Sexualität schwere Erfahrungen gemacht. Egal ob deine Geschichte ähnlich oder ganz anders ist, stellt sich die Frage: Fühlst du dich wertvoll und geliebt? Warum bzw. warum nicht? Von wem oder was ist dieses Grundgefühl bei dir abhängig?

Was erwartest du von den Menschen, die du liebst? Was sollten sie tun, damit du dich geliebt fühlst? Wie reagierst du, wenn sie deine Erwartungen nicht erfüllen?

»Letztlich ist nichts schädlicher für unser Liebesleben, als wenn wir der Liebe zu einem Menschen eine höhere Priorität geben als unserer Liebe zu Gott. Das setzt diese Person, die wir an Gottes Stelle lieben, unter enormen Druck.« (Kyle Idlemann)

Hast du dich schon einmal so unter Druck gesetzt gefühlt? Was sind für dich Erwartungen, die nur Gott erfüllen kann?

E Austausch und Diskussion zum Thema »Wenn Liebe zum Götzen wird«

Ihr könnt euch entweder mit euren Antworten zu den Fragen unter D beschäftigen oder die folgenden Punkte besprechen: Was könnte dahinterstecken, wenn ein Mensch alles dafür tut, um von einer anderen Person Liebe und Wertschätzung zu erfahren? Wo erlebst du Freiheit in deinen Liebesbeziehungen? Wo ersetzt deine zwischenmenschliche Liebe, die bedingungslose Vaterliebe Gottes?

F Bibeltext zum Vertiefen: Lest gemeinsam Lukas 7,36-48

FRAGEN ZUM TEXT:

- Liebe hat in der Bibel immer mit Aufmerksamkeit zu tun. Auf was richtet der Pharisäer seine Aufmerksamkeit? Was könnte demnach sein heimlicher Götze sein?
- Wie zeigt Jesus dem Pharisäer bzw. der Frau seine Liebe?
- Der unmoralische Lebenswandel (V. 37) hielt die Frau nicht von Jesus fern. Die Religiosität des Pharisäers hingegen stand ihm in der Begegnung mit Jesus im Weg (V. 44ff). Welche Verhaltensweisen und Ansprüche behindern die Erfahrung der Liebe Gottes in christlichen Gemeinschaften?
- Jesus schaut auf die Liebe der Frau und nicht auf ihr »unmoralisches Verhalten« oder ihren Stellenwert in der Gesellschaft. Wo hast du selbst Gott so erlebt?
- Was löst die Aussage von Jesus in dir aus: »Wem wenig vergeben wurde, der zeigt wenig Liebe« (V. 47)?
- Die beiden Männer in dem Beispiel (V. 41-42) sind nach ihrem Freispruch schuldenfrei und besitzen so den gleichen Status vor ihrem ehemaligen Gläubiger. Sie unterscheiden sich aber voneinander in ihrer Herzenshaltung ihm gegenüber. Kannst du beide Haltungen nachempfinden? Welche Erfahrungen hast du selbst gemacht?

G Gebetszeit mit Fürbitte für die kommende Woche

Platz für Gebetsanliegen

SELBSTANNAHME

Zitate für den Tag

Gott dagegen beweist uns seine große Liebe dadurch, dass er Christus sandte, damit dieser für uns sterben sollte, als wir noch Sünder waren. (Römer 5,8)

Und dann hörte ich in mir Gottes Antworten: »Shannon, nein, ich habe dich erschaffen, und ich schäme mich nicht für das, was ich geschaffen habe. Du bist vollkommen und rein in meinen Augen.« (Shannon Rant)

Fragen für dich

Shannon war von tiefen Minderwertigkeitsgefühlen geplagt, sie fühlte sich als ein einziger Fehler. Welches Bild hast du von dir selbst? Welches Selbstbild haben dir deine Eltern oder andere wichtige Bezugspersonen vermittelt?

Wie sieht Gott dich? Was sagt dir dein Herz und was dein Kopf? Was sagt die Bibel? Und was löst der Gedanke in dir aus, dass Gott dich auch als Sünder liebt?

Impuls

Lies einmal Psalm 139: Gott kannte dich schon, bevor er dich erschuf. Kostbar und ausgezeichnet hat er dich gemacht. Gott liebt dich. Weder dein Verhalten noch deine Einstellung zu dir selbst können das ändern. Selbst wenn dich dein Herz verdammt, spricht Gott seine Liebe über dir aus (1. Joh 3,1.19.20). Jesus vergibt dir deine Schuld, wenn du sie ihm bekennst (1. Joh 1,9). Stelle dich den Stimmen, die dir das Gegenteil einreden wollen, entschlossen entgegen wie einem Lügner. Als Gedankenhilfe kannst du dir einen entsprechenden Bibeltext aufhängen – am besten an einer Stelle, an der du ihn oft siehst.

Gebetsvorschlag

Jesus, ich selbst finde mich oft so ______________________.
Wie siehst du mich? Heile meine inneren Wunden, sodass ich mich als dein geliebtes Kind wahrnehmen kann. Jesus, danke, dass du mich liebst und mir deine Liebe bewusst machen willst.

ROMANTISCHE LIEBE

Zitate für den Tag

Das Wichtigste aber ist, dass ihr einander beständig liebt, denn die Liebe deckt viele Sünden zu! (1. Petrus 4,8)

Eine der größten Lügen, die wir glauben können, ist, dass wir nur den richtigen Partner zu finden brauchen, um Erfüllung zu erfahren und für immer glücklich zu sein. (Kyle Idlemann)

Fragen für dich

Was erwartest du von deinem (zukünftigen) Partner / deiner (zukünftigen) Partnerin? Wie soll er/sie dir seine Liebe zeigen? Zweifelst du an seiner/ihrer Liebe, wenn deine Erwartungen enttäuscht werden?

Welche Rolle spielen Verletzungen, Fehler und Vergebung in deinem Bild von beständiger Liebe? Wer sorgt für echte, beständige Liebe in deinem Leben?

Impuls

Gott hat uns Menschen die wunderbare Phase des Verliebtseins geschenkt, in der uns der Partner / die Partnerin perfekt scheint (Hld 4,7): Wir dürfen dieses Gefühl genießen. Doch wenn die erste Verliebtheit vorbei ist, befähigt uns Gottes Liebe dazu, auch mit den Schwächen und Fehlern des Partners richtig umzugehen. Oft erwarten wir von anderen das, was wir selbst nicht umsetzen und gehen mit ihnen darum besonders hart ins Gericht (Röm 1,3-4). Die für eine Beziehung notwendige Geduld und Bereitschaft zu Vergebung, Veränderung und Neuanfang kommen aber aus der Kraft, die in der Liebe von Jesus ihren Ursprung hat. Seine Liebe hat für uns deshalb Bestand, weil er mit unseren Fehlern so gut umgehen kann. Du kannst Jesus bitten, dass er deine Partnerschaft oder Partnersuche an seiner Liebe ausrichtet.

Gebetsvorschlag

Jesus, danke für das herrliche Geschenk des Verliebtseins und der romantischen Liebe. Bitte zeige mir, wo ich dieses Gefühl und damit meinen (zukünftigen) Partner auf einen Thron setze. Bewahre mich davor, die Erfüllung meiner Sehnsüchte in einem Menschen zu suchen. Hilf mir, nicht zu hadern (mit meinem Singlesein / mit meiner Partnerschaft), sondern dir zu vertrauen und mich auf das reiche Leben einzulassen, das du für mich bereithältst.

AUTORITÄTSPERSONEN

Zitate für den Tag

»Nun,« sagte Jesus, »dann gebt dem Kaiser, was dem Kaiser gehört, und gebt Gott, was Gott gehört.« (Markus 12,17)

Ohne Gottes Liebe werden wir immer versuchen, die Leere in uns mit etwas oder jemand anderem auszufüllen. (Kyle Idlemann)

Fragen für dich

Welche Autoritätsperson (Erziehern, Lehrern, Pastoren, Vorgesetzten, etc.) ist in deinem Leben momentan am wichtigsten? Und was tust du, um von ihm/ihr Anerkennung zu bekommen?

____

____

____

Welche deiner Überzeugungen sind von Autoritätspersonen geprägt worden? Welche empfindest du als positiv, welche als negativ?

____

____

____

____

Wo kämpfst du mit Einstellungen, die nicht in Gottes Sinn sind? Was davon könnte seinen Ursprung darin haben, dass du Autoritäten mehr (Be-)Achtung entgegenbringst als Gott?

____

____

____

____

____

____

Impuls

Jesus respektierte menschliche Autoritäten und rief nicht zum Widerstand gegen sie auf. Doch sein Tun war stets vom Gehorsam und der Liebe gegenüber Gott geprägt. Er verzichtete auf die Anerkennung der geistlichen Elite, um seinem Auftrag treu zu bleiben. Er ließ sich von keiner damaligen Autoritätsperson davon abbringen und gab sich dennoch in »ihre Hand«. Als Nachfolger stehst du in der gleichen Spannung (Mt 23,9-10; Röm 13,1ff). Bitte Jesus, dass er dir im Umgang mit Autoritätspersonen den richtigen Weg zeigt.

Gebetsvorschlag

Jesus, danke, dass du meinen Charakter prägst. Zeige mir, wo ich anderen Menschen diese Autorität zugestanden habe oder wo ich mich zu sehr um ihre Anerkennung bemühe. Heile mich von schädlichen Prägungen, und sei DU mein Herr.

FAMILIE

Zitate für den Tag

Jesus sagt: »Wer mir nachfolgen will, muss mich mehr lieben als Vater und Mutter, Frau und Kinder, Brüder und Schwestern – ja, mehr als sein Leben.« (Lukas 14,26)

Aber wenn wir Gott von ganzem Herzen lieben, wenn wir also den obersten Knopf richtig zumachen, werden wir in der Lage sein, andere zu lieben und von ihnen geliebt zu werden – in einer Weise, die uns tiefste Zufriedenheit bringt. (Kyle Idlemann)

Fragen für dich

Was lösen diese Worte von Jesus bei dir aus? Wie geht es dir damit?

____

____

____

____

Was bedeutet es für dich, Jesus mehr zu lieben als deine Familie? Gab es in deinem Leben schon Situationen, in denen das für dich greifbar wurde?

____

____

Impuls

Jesus mehr zu lieben als die eigene Familie, heißt nicht, dass du deine Familie weniger lieben musst. Du stellst die Liebe zu deiner Familie vielmehr auf das Fundament der Liebe Gottes. Jesus selbst liebte Gott mehr als seine leibliche Familie (Mk 3,31-35). Er liebte aber seine Mutter und Brüder, die darüber auch Kinder Gottes wurden (1. Kor 9,5; Apg 1,14). Jesus durchbrach die familiären Grenzen (Joh 19,25-27), stellte aber gerade dadurch auch seine leibliche Familie in das Licht der grenzenlosen Liebe Gottes. Jesus will für deine Lebensfülle sorgen. Er will sich in seiner Liebe auch um deine Eltern, Geschwister, Ehepartner oder Kinder kümmern. Willst du aus seiner Liebe heraus deine Familie neu in den Blick bekommen und sie Jesus anvertrauen?

Gebetsvorschlag

Vater, deine Liebe ist echt herausfordernd und zeigt mir, wo ich noch zu wenig Vertrauen habe. Ich will heute ganz bewusst meine Familie, vor allem .... loslassen und in deine Hand legen. Bitte vergib mir, dass ich die Leere und Sehnsucht in meinem Leben durch die Liebe zu/von .... füllen wollte. Ich vertraue dir, dass du gut für ihn/sie sorgst und auch mein Herz mit deiner Liebe füllst.

STARS UND IDOLE

Zitate für den Tag

Paulus und Barnabas, als sie von den Bewohnern von Lystra als Götter verehrt wurden: »Freunde, warum tut ihr das? Wir sind nur Menschen wie ihr!« (Apostelgeschichte 14,15)

Was ich nicht wusste, war: Ich bin für die Liebe geschaffen worden. Ich wurde geschaffen, um geliebt zu werden und selbst zu lieben. (Shannon Rant)

Fragen für dich

Gibt es Menschen, zu denen du hochschaust? Was tust du, um deine Bewunderung für sie zum Ausdruck zu bringen? Hängst du Bilder oder Poster an die Wand? Gehst auf jedes Konzert, in jeden neuen Film? Oder (wenn du sie persönlich kennst) suchst du ihre Nähe oder tust bestimmte Dinge für sie?

Es kann sein, dass wir andere Menschen verehren, weil wir glauben, dass sie etwas haben oder besitzen, was uns fehlt. Ihr Leben erscheint aufregender und auch wertvoller als unser eigenes. Wie schneidest du ab, wenn du dich mit deinen Idolen vergleichst?

____

____

____

____

Impuls

»Ehren« bedeutet im Hebräischen »jemandem oder etwas Gewicht geben«. Wer ehrt, schätzt den anderen wert. Jesus, der König, dem Ehre gebührt, wurde ein einfacher Mensch, um uns auf Augenhöhe zu begegnen. So lernen wir auch heute seine Liebe kennen und erleben seine Gegenwart, die uns in die Anbetung führt. Mit unseren Mitmenschen teilen wir die Liebe Gottes und können so auch ihnen auf Augenhöhe begegnen. Ein falsches Verständnis von Ehre entsteht, wenn Menschen allein bei sich selbst Ehre suchen (Joh 5,41f). Vielleicht denkst du bei den nächsten Lobpreisliedern, die du singst, ganz bewusst an Gottes Ehre.

Gebetsvorschlag

Jesus, danke, dass du mir auf Augenhöhe begegnest, mich heilst und mein verzerrtes Bild von Ehre gerade rückst. Zeig mir, wo ich selbst Ehre bei anderen gesucht habe. Ich will, dass dein Respekt, deine Liebe und deine Vergebung mein Selbstbild prägen. Hilf mir, auch andere mit diesem Blick der Liebe anzuschauen.

UNSER UMFELD

Zitate für den Tag

Die größte Liebe beweist der, der sein Leben für seine Freunde hingibt. (Johannes 15,13)

Ich sehnte mich so danach, mich geliebt zu fühlen. Und ich war verzweifelt, weil ich glaubte, dieses Verlangen stillen zu müssen, um das Gefühl zu haben, irgendwie halbwegs wertvoll zu sein. (Shannon Rant)

Fragen für dich

Manchmal spielen wir eine bestimmte Rolle, um vor den Menschen in unserem Umfeld (Freunden, Kollegen, Glaubensgeschwistern etc.) gut dazustehen. Wo hast du schon solche Rollen gespielt?

____

____

____

____

____

____

Auch in Glaubensdingen kann es passieren, dass wir uns an unser Umfeld anpassen. Wir verschweigen z. B. unseren Glauben, um von Leuten gemocht zu werden, die nichts davon halten. Oder wir geben uns besonders fromm, weil wir um unser Ansehen in der Gemeinde besorgt sind. Bei welchen Leuten neigst du zu solchen Unehrlichkeiten?

____

____

____

____

____

____

Impuls

Vor Jesus brauchst du keine Rolle zu spielen, damit er dich mag. Jesus ist der Freund an deiner Seite, der sein Leben für dich aufgab. Echte Freundschaft hat für ihn einen riesigen Stellenwert (Spr 18,24). Du und Jesus, ihr gehört zusammen. Nimm diese Wahrheit einmal bewusst mit in deine täglichen Beziehungen und lass dir von Jesus zeigen, wo du dich verstellst, um anderen zu gefallen. Bitte Jesus, dass er dir seinen Blick für die Personen in deinem Umfeld schenkt und dir seine Nähe im Umgang mit ihnen zeigt.

Gebetsvorschlag

Jesus, danke, dass du mein Freund bist und dass ich für dich so wertvoll bin. Ich will mich nicht an meine Mitmenschen verkaufen, um deren Anerkennung zu erhaschen. Mach mir deine Nähe bewusst im Umgang mit den Menschen in meinem Umfeld. Danke, dass du mir beistehst, wo ich ein aufrichtiges Leben mit dir suche.

RESÜMEE

Zitate für den Tag

Der Herr richte eure Herzen auf die Liebe zu Gott aus und auf das geduldige Warten auf Christus! (2. Thessalonicher 3,5)

Ich weiß nicht, wie es in deinem Liebesleben gerade aussieht. Aber ich könnte mir vorstellen, dass all die Enttäuschungen und die unerfüllten Träume in dir eine Sehnsucht hinterlassen haben, einen Durst nach etwas anderem, etwas, das Bestand hat.
(Kyle Idlemann)

Fragen an dich:

Was möchtest du aus der vergangenen Woche mitnehmen? Gibt es eine Frage, einen Gedanken, ein Zitat oder eine bestimmte Bibelstelle, die dir Gott ans Herz gelegt hat?

____

____

____

____

____

Gibt es eine Beziehung, die du von Gott her beleuchten lassen willst? Gibt es etwas, das du gerne bereinigen würdest? Was möchtest du diesbezüglich tun?

Impuls

Gott ist die Liebe (1. Joh 4,8), aber nicht alles, was wir Menschen unter Liebe verstehen, entspricht Gottes Wesen. Die Liebe Gottes ist kein Gedanke. Sie ist lebendig, eigenständig und begegnet dir in Jesus. Sie ist anders und herausfordernd und deckt deshalb auch auf, wo Liebe für dich zum Götzen geworden ist. Wo du deine menschlichen Erfahrungen von Liebe einfach auf Gott überträgst, läufst du große Gefahr diesem Götzen zu folgen. Gott liebt dich, bevor du ihn lieben kannst. Der Weg der Liebe Gottes geht zuerst von Gott zum Menschen. Bitte Jesus, dass er dir seine Liebe zu dir verständlich macht. Dazu kannst du dir Bibelstellen zur Liebe Gottes anschauen (z. B. 1. Joh 4,7-21; Joh 3,16; Röm 5,8 und 8,38f).

Gebetsvorschlag

Jesus, danke, dass du mir deine Liebe zeigst. Mir wurde bewusst, dass ich sie in bestimmten Bereichen vermisse. Mach mir klar, dass mich nichts von deiner Liebe trennen kann. Ich will, dass meine Beziehungen von deiner Liebe geprägt sind und bitte dich besonders,

.

Hier kannst du notieren, was dir diese Woche wichtig geworden ist und welche Fragen dir gekommen sind.

WOCHE 4 | WENN GELD ZUM GÖTZEN WIRD

WENN GELD ZUM GÖTZEN WIRD

A Gemeinsames Singen und Beten

LIEDVORSCHLÄGE:

- Näher zu dir (Feiert Jesus! 4, Nr. 8)
- You Are My All in All (Feiert Jesus! 3, Nr. 83)
- Gott wurde arm für uns (Feiert Jesus! 1, Nr. 155)
- As the Deer (Feiert Jesus! 1, Nr. 162)
- Von Ost nach West (Feiert Jesus! 4, Nr. 27)
- Lead Me to the Cross (Feiert Jesus! 4, Nr. 18)

B Rückblick

Tauscht euch darüber aus, welche Erfahrungen ihr in der vergangenen Woche gemacht habt. Eure Notizen unter »Reflexion Woche 3« können euch dabei helfen.

C Schaut gemeinsam Episode 4 (Der Götze Geld) der DVD *Gods at War* an.

D Persönliche Zeit zum Reflektieren (eventuell mit ruhiger Musik im Hintergrund)

Wie geht es dir mit diesem Film? Hat dich etwas berührt oder getroffen, verärgert oder nachdenklich gemacht?

____

____

____

Chuck Bentley merkte, dass alle seine Ziele mit Geld zu tun hatten. Was sind deine Ziele im Leben, und inwiefern spielt deine finanzielle Situation dabei eine Rolle?

Chuck glaubte durchaus an Jesus, während er dem Götzen Geld diente, und er dankte Gott für seinen Erfolg. Aber seine Gewichtung stimmte nicht. Er hatte »ein kleines bisschen Jesus und jede Menge Geld«. Worauf legst du dein Vertrauen? Und womit legitimierst du dein Streben nach Geld, Besitz und finanzieller Sicherheit?

Worüber beschwerst du dich am häufigsten? Haben diese Dinge auch mit Geld oder Besitz zu tun?

E Austausch und Diskussion zum Thema »Wenn Geld zum Götzen wird«

Ihr könnt euch entweder mit euren Antworten zu den Fragen unter **D** beschäftigen oder die folgenden Fragen zur Diskussion stellen: Was könnte dahinterstecken, wenn Menschen ständig um das Thema Geld oder Besitz kreisen? Was ist eurer Meinung nach ein »zu viel«, wenn es ums Thema Geld und Streben nach Besitz geht? Ab wann nimmt Geld den Platz Gottes ein?

F Bibeltext zum Vertiefen: Lest gemeinsam Markus 10,17-27

FRAGEN ZUM TEXT

- Die Begegnung mit Jesus deckt das heimliche Motto des reichen Mannes auf: Alles beim Alten, alles behalten und als i-Tüpfelchen das ewige Leben. Gibt es Bereiche, in denen du Jesus einen bestimmten Rahmen vorgibst, wie er dich segnen soll? Wo hast du bereits mit Jesus Neues gewagt und dadurch Einsichten in sein Wesen bekommen?
- Jesus sagt: »Verkaufe alles, was du hast und gib das Geld den Armen« (V. 21). Stell dir vor, Jesus fordert dich dazu auf. Wie geht es dir damit? Ärgerst du dich darüber? Löst es Ängste in dir aus? Versuchst du, diese Aussage zu relativieren?
- Wer alles für Jesus aufgibt, bindet sein Leben an das Versprechen, dass Gott ihn gut versorgen wird (V. 29-30; Hebr 13,5). Wem vertraust du wirklich in deinem Alltag: den finanziellen Sicherheiten oder der Verheißung von Jesus? Auf welche Weise beziehst du Jesus in deine finanziellen Überlegungen mit ein?
- Jesus liebte den reichen Mann, unabhängig von dessen Entscheidung. Das Gesicht des Mannes verdunkelte sich dennoch, und er wandte sich von Jesus ab. Wie geht es dir mit seiner Reaktion? Kennst du Ähnliches aus deinem eigenen Leben?
- Wo und wie hat Gott dich von seinen Möglichkeiten (V. 27) und seiner Vertrauenswürdigkeit bereits überzeugt?

G Gebetszeit mit Fürbitte für die kommende Woche

Platz für Gebetsanliegen

GELD ALS ZUKUNFTSSICHERUNG

Zitate für den Tag

Hängt euer Herz nicht ans Geld und begnügt euch mit dem was ihr habt. Denn Gott hat gesagt: »Ich werde dich nie verlassen und dich nicht im Stich lassen.« (Hebräer 13,5)

Unser eigentlicher Gott ist das, worauf wir vertrauen. Für viele Menschen ist dieser Gott das Geld. (Kyle Idlemann)

Fragen für dich

Was macht dir Angst oder Sorgen, wenn du an deine Zukunft denkst? Welche Rolle spielen Geld oder Besitz dabei?

Fällt es dir schwer, Geld oder Besitz zu teilen? Hast du manchmal Angst, nicht mehr genug für dich selbst zu haben? Wenn ja, woher könnte diese Angst kommen?

Impuls

Wirtschafts- und Finanzkrisen zeigen immer wieder, dass Geld nicht unbedingt die Sicherheit bietet, die wir uns davon erhoffen. Und auch keine Altersvorsorge kann ein gutes Leben im Alter garantieren. Es ist wichtig, sich zu fragen: Wer oder was gibt mir Sicherheit? Mein Geld oder mein Gott? (Spr 18,10-11). Jesus verspricht uns, dass Gott uns das gibt, was wir für unser Leben benötigen (Mt 6,26ff; 1. Petr 5,7). Gott möchte in deinem Leben nicht nur für »Geistliches« zuständig sein, sondern auch für dein »tägliches Brot«. Wenn es dir schwerfällt, auf die konkrete Fürsorge Gottes zu vertrauen, kannst du heute einmal ganz konkret mit Jesus über deine Zukunftssorgen sprechen und hören, was er dir dazu sagen möchte.

Gebetsvorschlag

Jesus, deine Jünger konnten im Vertrauen auf dich ohne Geldbeutel losziehen. Und du hast Tausende satt gemacht, als sie hungrig waren. Danke, dass du dich auch um mich kümmerst. Du siehst, wo ich mir Sorgen mache und Geld als einzige Lösung sehe. Ich denke gerade besonders an .... Überwinde du in mir meine Ängste und Sorgen, und schenke mir die Freiheit, die dem Vertrauen auf dich entspringt. Lass mich ganz konkret erfahren, dass du für mich sorgst, und mach mich zu einem fröhlichen Geber.

GELD ALS ERFOLGSGARANT

Zitate für den Tag

Ein zuverlässiger Mensch wird reichen Lohn erhalten. Wer aber um jeden Preis reich werden will, der wird sich in Schuld verstricken. (Sprüche 28,20)

Alles Streben und Verlangen nach Besitz war wie weggeblasen. Denn Gott zeigte mir, dass meine Sehnsüchte in der Beziehung zu ihm und in den Reichtümern des Glaubens viel besser gestillt werden können, als in den Reichtümern, die man sich an der Wall Street verdienen kann. (Chuck Bentley)

Fragen für dich

Was kennzeichnet einen erfolgreichen Menschen in deinen Augen? Welche Rolle spielen Geld und Besitz für dich beim Thema Erfolg?

____

____

____

____

____

Gab es Entscheidungen in deinem Leben, bei denen der finanzielle Erfolg dein Hauptanliegen war? Wenn ja, wie erging es dir und den Menschen in deinem Umfeld damit?

Impuls

Viele Menschen denken, dass man mit Geld viel und ohne Geld nur wenig erreichen kann. Bei Gott ist das anders, er kann durch viel und wenig helfen (1. Sam 14,6; Apg 3,6). Wenn du nach Gottes »Erfolgen« (nach seinem Reich) strebst, wird Gott dich mit allem versorgen, was du brauchst (Mt 6,33). Vielleicht entgehen dir manche Möglichkeiten Gottes, weil du zu sehr auf deine eigene Vorstellung von Erfolg fixiert bist (Mk 5,26)? Bitte doch Gott heute, dass er dein Verständnis davon, was wahrer Erfolg ist, verändert. Du darfst dir sicher sein, er will dich an seinem Erfolg teilhaben lassen, was auch immer das für dich konkret bedeutet.

Gebetsvorschlag

Jesus, danke, dass du mir ein siegreiches Leben schenkst. Danke, dass mein Erfolg nicht von Geld und Besitz abhängig ist. Du weißt, wo meine Vorstellung von einem erfolgreichen Leben von deiner abweicht. Bitte zeig mir, was für Gedanken du über mich und mein Leben hast und hilf mir, mich immer mehr auf dich zu verlassen.

GELD ALS IDENTITÄTSSTIFTER

Zitate für den Tag

Und er fuhr fort: »Nehmt euch in Acht! Begehrt nicht das, was ihr nicht habt. Das wahre Leben wird nicht daran gemessen, wie viel wir besitzen.« (Lukas 12,15)

Ihre Identität hing an ihrem Einkommen. In großer Barmherzigkeit hat Gott diese Lebenslüge für mich entlarvt und mir gesagt: »Das ist nicht deine Identität.« (Chuck Bentley über sieben seiner Freunde, die aufgrund ihres finanziellen Scheiterns Selbstmord begingen)

Fragen für dich

»Mein Auto, mein Haus, mein Boot!« Das sind für manche wichtige Bestandteile ihrer Identität. Gibt es Besitztümer, die für dich zu deiner Identität gehören?

____

____

Über was definierst du dich? Wann bist du zufrieden mit dir, wann unzufrieden? Wann fühlt sich dein Leben sinn- und wertvoll an? Und welche Rolle spielen Besitz und Geld dabei?

____

____

____

Inwiefern ist für dich dein Gehalt ein Gradmesser für den Wert deiner Arbeit?

Impuls

Welchen Wert hat ein Obdachloser im Vergleich zu einem Millionär? Wer hat wohl das größere Ansehen in unserer Gesellschaft? Jesus sagt, dass die Fülle des wahren Lebens nicht von weltlichem Besitz abhängt (Lk 12,15). Wenn Gott davon spricht, wie wertvoll du bist, dann meint er nur dich, nicht das, was du besitzt. Jesus ist dein Zugang zur Wertschätzung, die Gott dir entgegenbringt (Joh 10,9; Joh 12,26).

Gebetsvorschlag

Vater, fast überall wird mir vorgelebt, dass es wichtig ist, möglichst viel Geld zu haben und es im Leben finanziell zu etwas zu bringen. Aber du sagst, dass ich in deinen Augen wertvoll bin, egal wie viel ich besitze. Ich danke dir für deine Liebe. Zeige mir in den kommenden Wochen, wo ich meine Identität immer wieder an Geld oder Besitz festmache, anstatt an dir.

GELD ALS GARANT FÜR ZUFRIEDENHEIT

Zitate für den Tag

Wahrer Glaube und die Fähigkeit, mit wenigem zufrieden zu sein, sind tatsächlich ein großer Reichtum. (1. Timotheus 6,6)

Gott ist es, der uns Zufriedenheit schenken will. Aber wir denken, wenn wir nur genügend Geld hätten, wären wir zufrieden.
(Kyle Idlemann)

Fragen für dich

Wie zufrieden oder unzufrieden bist du gerade mit deiner Lebenssituation?

____

____

____

____

____

Was bräuchtest du, um noch zufriedener sein zu können? Inwieweit sind dazu Geld oder anderer Besitz notwendig?

____

____

Impuls

Paulus hat gelernt, mit viel und mit wenig zufrieden zu sein (Phil 4,11). Die Notlagen, in die ihn seine konsequente Nachfolge brachte, lehrten ihn, ganz auf Gott zu vertrauen (2. Kor 1,8-11). So wusste er, dass es zu jeder Zeit möglich ist, von Gott mit Dank erfüllt zu werden (Eph 5,15-20). »Glauben« bedeutet »sich festmachen«. Oft machen wir unsere Zufriedenheit an Besitz und Wohlstand fest. Das alles vergeht, aber Jesus bleibt (Mk 13,31)! Kein Umstand, kein Sturm im Leben konnte Jesus aus der Ruhe bringen (Mk 4,35-41). Er will auch in dir das Vertrauen wecken, das es dir ermöglicht, dein Leben an Gottes Fürsorge festzumachen. Er will dir seine Kraft als echten Friedensstifter geben (Joh 14,27).

Gebetsvorschlag

Jesus, du weißt, wo ich unzufrieden bin und versuche, das mit mehr Geld oder Besitz auszugleichen. Danke, dass du meine Herzenswünsche kennst und mich an deinem Frieden teilhaben lassen willst. Ich bin froh, dass du weißt, was mir wahre Zufriedenheit bringt. Ich brauche deinen Geist und deine Kraft. Bitte führe mich auf meiner Suche nach Zufriedenheit in deinen Frieden hinein.

GELD ALS ZIELGEBER

Zitate für den Tag

Denn die Liebe zum Geld ist die Wurzel aller möglichen Übel.
(1. Timotheus 6,10)

Alle meine Ziele drehten sich ums Geld, um meine Arbeit und um mein Einkommen. Und ich war bereit, jeden Preis zu zahlen, um diese Ziele zu erreichen. (Chuck Bentley)

Fragen für dich

Was sind deine nächsten Ziele, die du erreichen willst? Inwiefern haben sie mit deinem Einkommen, mit Besitz oder Geld zu tun?

Was bist du bereit, für deinen materiellen Erfolg zu »opfern«: Zeit mit der Familie, mit Freunden oder mit Gott? Bestimmte Ideale oder Werte? Dinge, die dir Freude machen?

Wo soll Gott deine Ziele nur »absegnen« und wo darf er dir seine Ziele vorgeben bzw. deinen Kurs korrigieren?

Impuls

Dein Herz, dein ganzes Leben, richtet sich nach dem, was dir am Wertvollsten ist (Mt 6,21). Es bestimmt die Richtung deiner Gedanken (Mt 15,19) und damit deine Ziele. Wenn dir Geld am Herzen liegt, wird das alles prägen, was du dir vornimmst. Gott kennt dein Herz (Jer 17,5-10), und wo es an ihm vorbeischlägt, will er es wieder auf sich ausrichten (Hes 36,25-27). Er kann dafür sorgen, dass dein Herz nach ihm verlangt und dir bewusst wird, wo es ihm widerspricht (Röm 7,21-25). Lässt du zu, dass Jesus dein Inneres erschüttert? Er will dir seinen Geist geben und dafür sorgen, dass sich seine Liebe in deinem Herzen ausbreitet (Röm 8ff).

Gebetsvorschlag

Jesus, nichts scheint mir so vertraut wie mein eigenes Herz. Du weißt, wie viele meiner Ziele Geld und Besitz zum Inhalt haben. Erschüttere mein Herz, wo ich mich in Geld oder Besitz verliebt habe, und gib mir dieses tiefe Verlangen nach deiner Kraft und Liebe.

GELD ALS SINN DEINER ARBEIT

Zitate für den Tag

Versuche nicht, mit aller Kraft reich zu werden. Denn der Reichtum kann plötzlich verschwinden – er bekommt Flügel wie ein Adler und fliegt davon. (Sprüche 23,4-5)

Es wäre das Größte für mich, wenn du am Ende dieser Serie sagen könntest: »Ich diene jetzt nur noch einem – meinem Herrn, Jesus Christus.« (Chuck Bentley)

Fragen für dich

Was sind/waren für dich entscheidende Kriterien bei der Berufswahl? Welche Rolle spielt(e) das Gehalt dabei? Wie wichtig sind/waren demgegenüber deine Berufung und deine Gaben?

Wie viel Engagement und Kraft beansprucht deine Sorge für deinen Lebensunterhalt? Empfindest du das als angemessen?

Impuls

Jeder Gläubige ist von Jesus zu einem Leben in seinem Geist berufen (Eph 4,1ff). Berufung ist nicht gleichzusetzen mit einer Anstellung bei einer christlichen Organisation. Um für Jesus zu leben, musst du also nicht gleich deinen Beruf(swunsch) wechseln. Jesus will dich aber in deinem Berufsleben leiten. Vielleicht scheint dein (zukünftiger) Job nicht viel mit Gottes Reich zu tun zu haben, doch wenn du Gott den ersten Platz einräumst, kann er auch hier sein Reich mit dir bauen (Kol 3,23). Vielleicht gibt es aber auch andere (ehrenamtliche) Bereiche, wo du dich verstärkt engagieren solltest. Darüber kannst du mit Gott ins Gespräch kommen. Die Grundfrage bleibt: Wer entscheidet über deine Arbeit – Jesus oder das Geld?

Gebetsvorschlag

Jesus, du willst, dass meine Arbeit mehr als nur Broterwerb oder Geldbeschaffungsmaßnahme ist. Danke, dass du mein eigentlicher Arbeitgeber bist und mich mit deinen Gaben an die richtige Stelle bringen kannst. Dir will ich dienen. Wo mich vor allem der Gedanke an mein Gehalt bestimmt, schenke mir ein neues Bewusstsein meiner Berufung als dein Kind.

RESÜMEE

Zitate für den Tag

Wer Geld hat, soll es aus freien Stücken und ehrlich mit anderen teilen. (Römer 12,8)

In meinen kühnsten Träumen hätte ich mir nicht vorstellen können, was mein »Ja« zu Gott bewirken würde: dass er mir 10 Millionen Dollar in Aktien nehmen würde, um mir dafür so viel Wunderbares und absolut Unbezahlbares zu schenken: wertvollste Momente, die man mit Geld nicht kaufen kann. (Chuck Bentley)

Fragen an dich:

Lass die letzte Woche Revue passieren: Wo hast du dich in deinem täglichen Umgang mit Geld frei gefühlt und wo nicht?

Was hat dich am meisten beschäftigt? Gibt es etwas, das bei dir hängen geblieben ist? Was könnte dir Gott dadurch sagen wollen?

Nach den Erfahrungen der vergangenen Woche, was würdest du sagen: Nimmt Geld bzw. das Streben nach Besitz in deinem Leben einen Platz ein, der eigentlich Gott zusteht?

Impuls

Geldgier ist Götzendienst (Kol 3,5). Wie bei jedem Götzen, der den Platz Gottes einnimmt, hat das Auswirkungen auf dein Leben: Du wirst zum Sklaven des Geldes und der Gott der Freiheit kommt nicht zum Zug (Spr 11,28). Wo aber Jesus dich frei macht, wird es dir möglich, mit deinem Geld freigiebig umzugehen. Es wird zu einer Möglichkeit, Gott zu dienen (Röm 12,8). Hast du Mut zu dieser Freiheit?

Gebetsvorschlag

Jesus, du hast mich in die Freiheit berufen. Du weißt, wo Geld und Streben nach Besitz mich meiner Freiheit berauben. Sei der Herr über mein Geld, und lehre mich, dir voll und ganz zu vertrauen. Lehre mich auch den Segen des Gebens, vor allem da, wo es mir schwerfällt.

Hier kannst du notieren, was dir diese Woche wichtig geworden ist und welche Fragen dir gekommen sind.

WOCHE 5 | WENN MACHT ZUM GÖTZEN WIRD

WENN MACHT ZUM GÖTZEN WIRD

A Gemeinsames Singen und Beten

LIEDVORSCHLÄGE:

- Above All (Feiert Jesus! 2, Nr. 12)
- Auge im Sturm (Feiert Jesus! 2, Nr. 99)
- From the Inside Out (Feiert Jesus! 4, Nr. 23)
- So bist nur du (Feiert Jesus! 4, Nr. 119)
- God of this City (Feiert Jesus! 4, Nr. 73)
- Für den König (Feiert Jesus! 4, Nr. 144)

B Rückblick

Tauscht euch darüber aus, welche Erfahrungen ihr in der vergangenen Woche gemacht habt. Eure Notizen unter »Reflexion Woche 4« können euch dabei helfen.

C Schaut gemeinsam Episode 5 (Der Götze Macht) der DVD *Gods at War* an.

D Persönliche Zeit zum Reflektieren (eventuell mit ruhiger Musik im Hintergrund)

Wie geht es dir mit diesem Film? Hat dich etwas besonders angesprochen, verärgert, schockiert oder nachdenklich gemacht?

____

____

____

Wie geht es dir damit, im Mittelpunkt zu stehen oder etwas zu leiten? Genießt du es oder fühlst du dich damit eher unwohl?

Was bedeutet es für dich, Einfluss zu haben? Wie wichtig ist dir eine einflussreiche Position? Und inwiefern tragen deine eigenen Fähigkeiten dazu bei?

Was ist deine erste Reaktion, wenn dich jemand kritisiert? Ist er für dich eher ein Feind, der in deinen Machtbereich eindringt, oder jemand, der dich in einer Sache weiterbringen kann?

Wie ehrgeizig verfolgst du deine Ziele? Welche Opfer bist du bereit zu bringen?

Glaubst du, dass du alles erreichen kannst, wenn du es nur willst? Und wie geht es dir damit, wenn du ein Ziel nicht erreichst?

E Austausch und Diskussion zum Thema »Wenn Macht zum Götzen wird«

Ihr könnt euch entweder mit euren Antworten unter D beschäftigen oder über die folgenden Fragen sprechen: Was ist an Macht verführerisch? Wie sieht ein sinnvoller Umgang mit Macht aus? Wie und wann findet aus eurer Sicht Machtmissbrauch statt?

F Bibeltext zum Vertiefen: Lest gemeinsam Matthäus 16,16-26

FRAGEN ZUM TEXT

- Jesus spricht Petrus eine unglaubliche Macht zu (V. 19). Wie kann ein Mensch verantwortungsvoll mit einer solchen Vollmacht umgehen? Welchen Charakter und welche Fähigkeiten muss er deiner Meinung nach besitzen? Was ist für Jesus die Grundlage dafür, dass er Petrus Macht verleiht?
- Wo übst du Macht in deinem Leben aus (Job, Familie, Gemeinde usw.)? Wo, würdest du sagen, dass du sie von Gott verliehen bekommen hast? Wo hast du sie dir eher selbst erworben?
- In Vers 21 schildert Jesus seinen Weg als Christus. Was entspricht dabei dem gesellschaftlichen Verständnis von Macht, was widerspricht ihm?
- Dem allmächtigen Gott nachzufolgen sieht oft anders aus, als wir uns das vielleicht vorstellen (V. 24-26). Petrus hat Vollmacht bekommen, erlebt aber auch Ohnmacht (V. 22; Mt 26,69-75). Wo hast du Gottes Macht bereits anders erlebt, als du es dir vorgestellt hattest? Gibt es aus deiner Sicht Hindernisse oder »Katalysatoren« für Gottes Macht in deinem Leben?

G Gebetszeit mit Fürbitte für die nächste Woche

Platz für Gebetsanliegen

EHRGEIZ

Zitate für den Tag

Ehre und Ruhm gehören Gott allein, dem ewigen König, dem Unsichtbaren, der nie stirbt und der allein Gott ist, in alle Ewigkeit. (1. Timotheus 1,17)

Ich dachte, wenn ich hart genug arbeite, kann ich es schaffen. Ich ging dabei auch über Leichen. Heute blicke ich mit großer Reue zurück, vor allem auf die vielen Menschen, denen ich in dieser Zeit durch meinen Ehrgeiz geschadet habe. (Chuck Colson)

Fragen für dich

Wie ehrgeizig bist du? Was meinst du selbst? Was sagen andere? Und ging dein Ehrgeiz schon mal auf Kosten anderer bzw. auf Kosten deiner Beziehung zu anderen?

____

____

____

____

____

In welchen Bereichen bist du besonders ehrgeizig? Was hast du bisher dadurch erreicht? Und tust du diese Dinge zu Gottes Ehre oder für deine eigene?

Impuls

Paulus kämpfte als Pharisäer eifrig für seine Sache, die er für Gottes Sache hielt – bis er erkannte, dass er nur ehrgeizig seine eigenen Ziele verfolgte. Wenn Paulus schreibt, dass Ehre und Ruhm Gott allein gehören (1. Tim 1,17), so weiß er, dass er als Kind Gottes unter Gottes Familienehre steht. Mit Jesus als Herr bist du ein Kind des großen Königs und hast damit Anteil an seinem Reichtum und seiner Ehre (Joh 1,12-13)! Du hast es nicht nötig, ehrgeizig deine eigenen Ziele zu verfolgen und Macht auf andere auszuüben, um dich wichtig zu fühlen oder bestimmte Dinge zu erreichen (Joh 7,18).

Gebetsvorschlag

Danke, Vater, dass ich nicht selbst meine Ehre suchen muss. Du ehrst mich – durch deine unendlich große Liebe. Ich muss nicht ehrgeizig danach trachten, besondere Leistungen zu erbringen. Ich habe einen festen Ehrenplatz in deinem Herzen. Lass diese Wahrheit tief in mein Herz sinken und bewahre mich davor, meine eigene Ehre auf deinen Thron zu setzen.

GELTUNGSSUCHT, DOMINANZ UND AUTONOMIE

Zitate für den Tag

Wer so gering wird wie dieses Kind, der ist der Größte im Himmelreich. (Matthäus 18,4)

Ohne eine bewusste Entscheidung dafür getroffen zu haben, verehren wir vielleicht die Vorstellung, die wichtigste Person im Raum zu sein, dass jeder zuhört, wenn wir reden oder dass bestimmte Menschen sich vor uns fürchten. (Kyle Idlemann)

Fragen für dich

Musst du dich in Gesprächen unbedingt zu Wort melden, oder fällt es dir leicht, auch einfach nur zuzuhören? Gibt es dabei situationsbedingte Unterschiede? Wenn ja, welche?

___

___

___

___

Fällt es dir leicht, von anderen (Chef, Eltern, Lehrer, Freunden etc.) Anweisungen zu befolgen oder bestimmst du lieber selbst, wo es langgehen soll? Wie fühlst du dich, wenn du über Projekte und andere Menschen (bei der Arbeit, zu Hause, bei Freunden, in der Schule oder der Gemeinde) bestimmen kannst/musst? Wie geht es dir, wenn du Dinge delegierst?

Impuls

In Mt 18,1ff fragen sich die Jünger, wer bei Gott am meisten gilt. Jesus stellt ein Kind in ihre Mitte: Echte »Größe« heißt nicht, selbst groß zu sein (Mt 4,8f). Wahre »Größe« heißt, andere Menschen im Namen von Jesus wertzuschätzen und ihnen zu dienen. Jesus gibt seinen Jüngern ein Beispiel dafür, indem er ihnen die Füße wäscht (Joh 13,12-15). In Gottes Reich hat allein seine Liebe Geltung (1. Joh 4,15ff). Jesus verkörpert Gottes Reich (Lk 17,21; Mt 12,28). Er will dich in seine Macht der Liebe hineinziehen. Wenn du heute die Liebe von Jesus zur Geltung bringen willst, bitte Jesus für seine Sicht auf einen deiner Mitmenschen: Schenke diesem deine besondere Aufmerksamkeit und zeige ihm dadurch, wie wertvoll er ist.

Gebetsvorschlag

Jesus, danke, dass du mich so liebst, wie ich bin – egal, ob ich vor Menschen etwas gelte oder nicht. Vergib mir, wo mein Handeln von meinem Geltungsbedürfnis bestimmt ist und ich nicht danach frage, was dir wichtig ist. Schenk mir einen aufmerksamen Blick für meine Mitmenschen und zeig mir, wer in dieser Woche meine besondere Aufmerksamkeit braucht.

RECHTHABEREI

Zitate für den Tag

Ein Narr hat kein Interesse daran, etwas zu verstehen, er will nur seine eigene Meinung zum Besten geben. (Sprüche 18,2)

Wenn uns der Gott der Macht im Griff hat, sagen wir selten Dinge wie: »Ich hab mich vertan!« oder: »Es tut mir leid!« oder: »Das war meine Schuld!« (Kyle Idlemann)

Fragen für dich

Wie gehst du damit um, wenn du merkst, dass du in einer Sache nicht recht hast? Kannst du das zugeben oder verteidigst du dich, um doch noch ein »bisschen recht« zu haben?

Bei welchen Themen ist es dir extrem wichtig, recht zu haben?

Wie verhältst du dich in Diskussionen über Glaubensthemen? Kannst du es annehmen, wenn andere Menschen in gewissen Punkten nicht mit dir übereinstimmen?

____

____

____

____

Impuls

Niemand von uns hat die Wahrheit für sich gepachtet (1. Kor 8,2-3). Allein Jesus ist die Wahrheit (Joh 14,6), von ihm allein kommen Einsicht und Verständnis (1. Kor 1,5; Eph 1,8). Unsere Erkenntnis ist bruchstückhaft (1. Kor 13,9-10), doch in Jesus liegen alle Schätze der Weisheit und Erkenntnis verborgen (Kol 2,3). Je näher wir Jesus kommen, desto mehr erkennen wir die Wahrheit – und desto weniger müssen wir unsere Meinung durchsetzen, weil wir darauf vertrauen, dass Gott für die Erkenntnis der Wahrheit sorgt (Phil 3,15). Bitte Gott darum, dir zu zeigen, wann es sich lohnt, für deine Meinung entschlossen einzutreten und wann es wichtig ist loszulassen und nicht auf deinem Recht zu beharren.

Gebetsvorschlag

Jesus, danke, dass ich an deiner Weisheit teilhaben darf und ich nicht alles selbst zu wissen brauche. Wo ich zu Unrecht auf mein Recht beharre, mache mich einsichtig und bereit, meine Meinung zu korrigieren. Wo es gilt, furchtlos für die Wahrheit einzutreten, stärke mich.

WISSEN UND INTELLEKT

Zitate für den Tag

Vertraue von ganzem Herzen auf den Herrn und verlass dich nicht auf deinen Verstand. Denke an ihn, was immer du tust, dann wird er dir den richtigen Weg zeigen. Bilde dir nichts auf deine Weisheit ein, sondern fürchte den Herrn und meide das Böse.
(Sprüche 3,5-7)

Ich lernte Nixon näher kennen und bewunderte ihn aufrichtig. Er war ein Mann von außerordentlicher Intelligenz. (Chuck Colson)

Fragen für dich

Gehören Menschen, die nicht so »gebildet« sind, zu deinem Freundeskreis, oder kannst du mit ihnen nichts anfangen? Wie gehst du mit solchen Menschen um?

____

____

____

____

____

Was ist dir wichtig in Glaubensfragen: Theologisches Wissen? Erfahrungen? Eigenes Nachdenken? Diskussionen mit Experten? Das persönliche Gespräch mit Jesus?

Es gibt den Spruch »Wissen ist Macht«. Wie wichtig ist dir ein großes Wissen (z. B. Bibelwissen, Fachwissen, Allgemeinbildung)? Und warum ist es dir wichtig?

Impuls

Gott hat dir einen wachen Verstand gegeben, der dich zu vielem befähigt und dir hilft, dein Leben zu meistern. Jesus will das Licht sein, das deinem Denken Klarheit gibt (Mk 4,21-25). Wo du dich allein auf deinen Verstand verlässt, kann er dich (gerade in Glaubensfragen) auch in die Irre leiten. Vertraue nicht nur auf deine Klugheit und dein Wissen, sondern auf Jesus (1. Kor 1,18-31)!

Gebetsvorschlag

Danke, Jesus, dass niemand hyperintelligent sein muss, um dich verstehen zu können. Bitte vergib mir, wo ich mich allein auf meinen Verstand verlassen habe und darüber eingebildet wurde. Offenbare mir deine Weisheit auf die Art, die für mich richtig ist.

RECHT AUF ERFOLG

Zitate für den Tag

Sie haben das Land nicht mit ihren Schwertern erobert und nicht aus eigener Kraft gesiegt. Deine große Macht war es, die ihnen zum Sieg verhalf, weil du auf ihrer Seite warst und deine Liebe bei ihnen war. (Psalm 44,4)

Wir denken, wir hätten das Recht auf Erfolg gepachtet, und wenn die Beförderung, die Bestätigung oder die Wertschätzung mal ausbleibt, dann finden wir das gleich unfair und ungerecht.
(Kyle Idlemann)

Fragen für dich

Wer ist für deinen Erfolg oder Misserfolg verantwortlich? Bist du es, ist es deine Konkurrenz oder dein Chef? Inwieweit steht Erfolg in deiner Macht?

Wie gehst du mit »Niederlagen« um – zum Beispiel, wenn dir Grenzen aufgezeigt werden? Denkst du, dass du ein Recht auf »Erfolg« hast?

Impuls

Erfolg ist letztlich nicht machbar, und Misserfolge müssen nicht automatisch mit eigenem Versagen zu tun haben (Ps 44). Trotz mancher Tiefschläge, die wir insbesondere als Nachfolger von Jesus erleben können (Röm 8,35-37), sorgt Jesus dafür, dass wir ein sieghaftes Leben führen können (1. Kor 15,57; 2. Tim 4,8). Die Frage ist, in welcher Kraft du siegen willst und was du als Sieg bzw. Niederlage ansiehst. Im Glaubensleben hast du Teil an Gottes Kraft und Sieg (1. Joh 5,4). Gottes Liebe wird dich mehr und mehr für sich gewinnen. Darin liegt der Sieg, der die Welt überwunden hat.

Gebetsvorschlag

Jesus, danke, dass du für mich gesiegt hast. Du bist der größte Gewinn für mein Leben. Du weißt, wo ich meine, dass ich für mich selbst erfolgreich sein muss. Lass mich noch mehr erkennen, dass du schon gesiegt hast, und dass ich nicht von meinem »Erfolg« abhängig bin.

PERFEKTIONISMUS

Zitate für den Tag

Doch diesen kostbaren Schatz tragen wir in zerbrechlichen Gefäßen, nämlich in unseren schwachen Körpern. (2. Korinther 4,7a)

Ich hatte immer dieses unglaubliche Bedürfnis, mich zu beweisen und Gutes zu tun. Ich war ein Idealist. (Chuck Colson)

Fragen für dich

Wie perfektionistisch schätzt du dich selbst ein? Was sagen andere über dich?

____

____

____

Wie geht es dir, wenn die Resultate deiner Arbeit (egal ob Schule, Beruf, Ehrenamt) nicht perfekt sind? Kannst du auch mit »Unvollkommenheiten« leben?

____

____

____

____

Wie perfekt willst du als Christ sein? Was verstehst du unter »heiligem Leben«?

Impuls

Jesus möchte, dass wir so vollkommen sind wie Gott (Mt 5,48). Aber es ist nicht unsere Kraft, sondern die Treue von Jesus, die uns vor Gott vollkommen gerecht macht (Mt 12,20; Röm 1,16-17; Kol 3,14). Jesus verwandelt uns allmählich in sein Bild und vertraut uns die Arbeit in seinem Reich an – nicht, weil wir so perfekt wären, sondern weil er in uns wirken kann. Der Anspruch, aus eigener Anstrengung perfekt (also wie Gott) zu sein, verfehlt das Ziel und ist deshalb in der Bibel auch der Prototyp von eigenmächtigem Leben (1. Mo 3,4-6). Perfektionistische Ansprüche können (z. B. durch unsere Erziehung) tief in uns verwurzelt sein. Du kannst Jesus bitten, dich von dieser Prägung zu befreien und dir zu helfen, deine eigene Unvollkommenheit anzunehmen.

Gebetsvorschlag

Vater, ich danke dir, dass ich nicht aus eigener Kraft vollkommen sein muss. Wenn ich wieder einmal glaube, irgendwo perfekt sein zu müssen, zeige mir, worauf es wirklich ankommt und was dir wichtig ist. Danke, dass ich aus deiner Kraft leben und in dir vollkommen sein kann.

RESÜMEE

Zitate für den Tag

Obwohl er schwach am Kreuz starb, lebt er jetzt durch die Macht Gottes. Auch wir sind schwach in ihm, aber wir leben mit ihm und haben Gottes Kraft, die sich euch gegenüber zeigt.
(2. Korinther 13,4)

Wenn ich nachts an Deck unseres Bootes stand und zu den Sternen hinaufblickte, musste ich einfach glauben, dass es da etwas Höheres gibt. Aber ich kannte Gott nicht als jemanden, zu dem ich eine persönliche Beziehung haben konnte. (Chuck Colson)

Fragen an dich:

Wie geht es dir mit der Vorstellung, auf Gott und seine Hilfe angewiesen zu sein? Widerstrebt das deinem Streben nach Selbstbehauptung, Macht und Kontrolle?

____

____

____

____

____

Was ist dir in den vergangenen Tagen wichtig geworden? Gibt es Bereiche, in denen du gern autonom bleiben willst? Oder solche, in denen du erstmals Gottes Hilfe zulassen möchtest?

____

____

____

____

____

Impuls

Chuck Colsons Glaube an Gottes Allmacht war natürlich nicht falsch (Ps 8), er spiegelte aber letztlich seinen Götzen (Macht) wider: Wenn Gott nur Macht wäre, wäre Streben nach Macht gottgemäß. Gott zeigt sich uns in Jesus aber als jemand, der nicht nur voller Macht, sondern auch voller Liebe ist. Gott scheint es nicht wichtig zu sein, seine Allmacht immer und überall unter Beweis zu stellen. Für dich lag er in einer Krippe, ritt auf einem Esel und starb an einem Holzkreuz. Es ist Gott wichtiger, uns seine Liebe zu zeigen als seine Macht. Doch diese vermeintliche Schwäche ist gerade Gottes Stärke. Das erlebt Paulus mit Jesus. Deshalb ist es ihm wichtig, dass die Gemeinde Jesus in ihrer Mitte erkennt (2. Kor 13,4-5). In der Gemeinschaft mit Jesus erleben wir Macht, wie sie von Gott gedacht ist.

Gebetsvorschlag

Danke, Jesus, dass du für mich ans Kreuz gegangen bist und dadurch wahre Stärke gezeigt hast. Vergib mir, wo ich mich von der Aussicht auf Macht und Einfluss verzaubern ließ. Zeig mir neu die Kraft deiner Liebe und mache mich bereit, deine Hilfe wirklich anzunehmen.

Hier kannst du notieren, was dir diese Woche wichtig geworden ist und welche Fragen dir gekommen sind.

WENN MEIN ICH ZUM GÖTZEN WIRD

A Gemeinsames Singen und Beten

LIEDVORSCHLÄGE:
- Herr, ich komme zu dir (Feiert Jesus! 2, Nr. 148)
- Reinige mein Herz (Feiert Jesus! 1, Nr. 79)
- Komm zu Jesus (Feiert Jesus! 3, Nr. 137)
- Herr, sei gnädig (Feiert Jesus! 3, Nr. 130)
- Grund meiner Hoffnung (Feiert Jesus! 4, Nr. 80)
- Amazing Grace (Feiert Jesus! 3, Nr. 28)
- The Heart of Worship (Feiert Jesus! 2, Nr. 22)

B Rückblick

Tauscht euch darüber aus, welche Erfahrungen ihr in der vergangenen Woche gemacht habt. Eure Notizen unter »Reflexion Woche 5« können euch dabei helfen.

C Schaut gemeinsam Episode 6 (Der Götze ICH) der DVD *Gods at War* an.

D Persönliche Zeit zum Reflektieren

Wie geht es dir mit diesem Film? Welche Gefühle hat er in dir ausgelöst? Hat dich etwas besonders angesprochen, schockiert oder unangenehm berührt?

Donny führte ein ziemlich krasses Doppelleben, das dich befremden mag. Aber vielleicht gibt es in Ansätzen dennoch Parallelen zu deinem eigenen Leben. Gibt es Bereiche, in denen dein Tun oder Denken nicht ganz zu deinem »frommen Leben« passt?

Kyle Idleman spricht davon, dass Gott Götzendiener immer zur Entscheidung aufruft. Gibt es Dinge, bei denen du dich lieber nicht entscheiden willst? Wenn ja, weshalb nicht?

Donny fühlte sich vom »Hass auf Gott« angetrieben. Wo spürst du »Rebellion gegen Gott«?

Richtet sich diese Rebellion gegen Gott oder gegen dein Bild von ihm? Inwiefern passt das Bild von Gott als liebendem Vater, der sich nach dir sehnt (Lk 15,20) in dein Gottesbild?

Hast du Jesus dein Leben übergeben? Hast du bereits auf dem »Beifahrersitz« deines Lebens Platz genommen und ertappst dich doch manchmal beim Bremsen? Wo fällt dir das Vertrauen in die »Fahrkünste« von Jesus besonders schwer? Wo vertraust du deinem ICH mehr?

E Austausch und Diskussion zum Thema »Wenn mein ICH zum Götzen wird«

Ihr könnt euch entweder mit euren Antworten zu den Fragen unter D beschäftigen oder die folgenden Fragen zur Diskussion stellen: Kyle erzählt von Menschen, die sich im Grunde selbst für Gott halten. Inwieweit siehst du dich als Zentrum deines Lebens an? Wer behält letztlich die Kontrolle über dein Leben? Musst du selbst dafür sorgen, dass es dir gut geht oder sorgt Jesus wirklich in allen Lebensbereichen für dich?

F Bibeltext zum Vertiefen: Lest gemeinsam Römer 8,1-14

FRAGEN ZUM TEXT

- Wenn du Jesus deine Lebensführung überlässt, lebt er in dir (V. 10-11). In welchen Situationen fühlst du dich Jesus nahe, und in welchen nicht? Welche Rolle spielt dein jeweiliges Verhalten dabei?
- Gottes Geist leitet dich in ein Leben nach seinem Willen. Wo hast du das schon selbst erlebt? In welchen Bereichen hast du eher das Gefühl, noch nach deiner »menschlichen Natur« zu handeln?
- Christus hat dafür gesorgt, dass es für dich keine Verurteilung und Gottesferne mehr gibt (V. 1-2). Unser Glaube gründet sich allein auf die Versöhnungstat von Jesus und dessen verändernde Kraft für unser Leben, also nicht auf UNSERE Kraft. Gibt es in dir oder in deinem Umfeld Stimmen, die dir diesen Glauben erschweren?
- Weil Jesus in dir ist, ist auch Gottes Geist, der Tote auferweckt, in dir (V. 11). Was verbindest du mit der Macht des Heiligen Geistes? In welchen Bereichen deines Lebens hast du seine Macht bereits erlebt? Wo hast du erfahren, dass du mit deinen Möglichkeiten nicht allein bist und Gottes Geist dich weitergebracht hat?

G Gebetszeit mit Fürbitte für die letzte Woche

Platz für Gebetsanliegen

DEIN GOTTESBILD

Zitate für den Tag

Christus ist das Bild des unsichtbaren Gottes. (Kolosser 1,15a)

Viele Menschen wenden sich falschen Göttern zu, weil sie ein verzerrtes Bild von Gott, dem Vater, haben. (Kyle Idleman)

Fragen für dich

Was steht im Zentrum deines Gottesbildes? Wo ist dein Bild von Gott in sich widersprüchlich? Was zieht dich an, was stößt dich ab?

Donny hatte ein verzerrtes Gottesbild. Seine Gemeinde nannte er »gesetzlich« und »heuchlerisch«. Er lernte früh, eine »fromme Rolle« zu spielen. Wo spielst du eine fromme Rolle? Hat das etwas mit deiner Gemeinde und/oder etwas mit deinem Gottesbild zu tun?

Impuls

Es gibt in der Bibel unterschiedliche Blickwinkel auf Gott: Da gibt es den liebende Vater, der den verlorenen Sohn umarmt, und den Weltenrichter, der Menschen verdammt und in die Hölle schickt. Wie können wir da ein einheitliches Bild von Gott bekommen? Paulus erklärt: Jesus Christus ist das letztgültige Bild Gottes (Kol 1,15; Hebr 1,1-2). In Jesus sehen wir Gott »unverzerrt«: Gott stirbt für dich und will dir neue Kraft und Leben geben, das ist das Zentrum. Dabei geht es aber nicht nur um Gedanken, die du dir über Gott machst. Jesus ist real. In der lebendigen Beziehung mit ihm erlebst du seine Nähe und seine Andersartigkeit. Der Blick auf Jesus kann dir helfen, deine »frommen Masken« abzulegen.

Gebetsvorschlag

Danke, Jesus, dass du mir Gott so zeigst, wie er ist. Wo falsche Bilder in meinem Kopf sind, will ich nicht vor ihnen niederfallen und sie anbeten. Bitte hilf mir, mich davon abzuwenden und immer mehr auf dich zu schauen. Du gibst mir nicht ein Bild für die Galerie meiner Gedanken, sondern dein Leben, dein Wesen und deinen Geist, damit nicht mein ICH sondern dein DU regiert.

GOTTES BILD VON DIR

Zitate für den Tag

Jesus sah ihn aufmerksam an und sagte: »Du bist Simon, der Sohn des Johannes – doch du wirst Kephas genannt werden« (das bedeutet: Petrus). (Johannes 1,42b)

Es war vielmehr so als würde er sagen: »Hör mal, du wolltest, dass ich dir beweise, dass es mich gibt. Das habe ich hiermit getan. Und jetzt möchte ich, dass du weißt: Ich habe dir so viel mehr zu bieten, als alles, was du bisher hattest.« (Donny Pauling)

Fragen an dich

Was, glaubst du, denkt Gott über dich? Was würde er wohl als Erstes sagen oder denken, wenn du ihm gegenüberstehen würdest?

Was denkst du über dich selbst? Was sagen andere über dich? Inwieweit deckt sich dein Bild von dir mit dem Bild, das Gott deiner Meinung nach von dir hat?

Impuls

Wir definieren uns oft über unsere Vergangenheit: Woher du kommst, was du getan hast, welche Erfahrungen du mit dir und anderen gemacht hast, prägt dein Selbstbild. Das entspricht aber nicht dem Bild, das Gott von dir hat. Jesus zeigt dir, was Gott über dich denkt. Er weiß, woher du kommst und was du getan hast, Gutes wie Böses. Das ist aber nicht sein Bild von dir. Er sieht in dir, wozu du geschaffen wurdest. Er sieht in dir, was er selbst in dich hineingelegt hat. So sah er in Simon eine tragende Rolle für die Gemeinde, obwohl dieser ein einfacher Fischer war. Gottes Sicht von dir geht aber noch tiefer als deine Berufung. Durch seinen Geist will er dir bezeugen, dass du sein Kind bist (Röm 8,16).

Gebetsvorschlag

Jesus, du siehst, wo ich mein Bild von mir für das Bild gehalten habe, das du von mir hast. Ich will nicht mein eigener Gott sein. Bitte übernimm du deine Herrschaftsstellung in meinem Leben. Ich will lernen, mich aus deinem Blick zu sehen, und will in die Berufung hineinwachsen, die du für mich hast.

Zitate für den Tag

Ihr alle sollt einander demütig dienen, denn »Gott stellt sich den Stolzen entgegen, den Demütigen aber schenkt er Gnade«. (1. Petrus 5,5b)

Eigentlich haben wir nur die Wahl zwischen zwei Göttern: dem lebendigen Gott und uns selbst. Das ist letztlich die Wahl, vor der wir jeden Tag stehen: Verehre ich Gott oder mich selbst? (Kyle Idleman)

Fragen für dich

Gibt es Aufgaben, denen du aus dem Weg gehst, weil sie an deinem Stolz kratzen, obwohl es vielleicht gut oder wichtig wäre, sie anzugehen?

Was würdest du verlieren, wenn du deinen Stolz nicht mehr hättest? Was gewinnen?

Wie geht es dir mit dem Gedanken, dass du dir bei Gott nichts verdienen kannst, dass du auf seine Gnade angewiesen bist und dass du seine Vergebung einfach geschenkt bekommst?

Impuls

Stolz ist ein schlechter Ratgeber, besonders, wenn es darum geht, in die Freiheit Gottes zu kommen. Stolz ist oft die Ursache dafür, dass Menschen die Hilfe Gottes ausschlagen. Der Stolze dreht sich um seine eigenen Sorgen und seine eigenen Fähigkeiten. Aber wo Jesus Herr ist, regiert dein Versorger (1. Petr 5,6-7). Demut vor Gott bedeutet nicht, im Staub zu kriechen, sondern zu erkennen, dass du Gottes Kind bist (und so Träger seiner Herrlichkeit) und zu akzeptieren, dass du ihn brauchst und dir bei ihm nichts verdienen kannst.

Gebetsvorschlag

Vater, vergib mir, wo ich geglaubt habe, auf mich selbst angewiesen zu sein und mir selbst die Krone aufgesetzt habe. Ich bin froh, dass du mir die Augen für diesen Trugschluss geöffnet hast. Danke für dein Geschenk der Gnade und der Vergebung, das ich mir nicht selbst verdienen kann oder muss, sondern einfach als dein Kind annehmen darf.

AUTONOMIE

Zitate für den Tag

Jesus spricht: »Wer versucht, sein Leben zu retten, wird es verlieren. Aber wer sein Leben für mich aufgibt, wird es retten.« (Lukas 9,24)

»Ich glaube, du möchtest, dass ich dir vertraue und mein Leben in deine Hand lege.« Und ich bat Gott, die Regie über mein Leben zu übernehmen. (Donny Pauling)

Fragen für dich

Wo vertraust du lieber auf deine Stärken und Fähigkeiten, als auf andere Menschen? Warum?

Wer hält das Lenkrad deines Lebens in der Hand? Inwieweit glaubst du, dass dein Lebensglück von dir selbst abhängt?

In welchen Bereichen fällt es dir leicht, Gott zu vertrauen und mit seiner Stärke und Weisheit zu rechnen, und wo besonders schwer?

____

____

____

____

____

Impuls

Im »sich selbst verleugnen«, kommt das eigene ICH gar nicht mehr vor, sagt Kyle Idleman. Wer sein ICH für Jesus loslässt, erfährt, wie er von seiner Hand gehalten und geführt wird. Das ist ein Geheimnis des Glaubens: Wer sich auf Jesus verlässt, ist nie verlassen. Jesus ist für deine Schuld gestorben, du brauchst sie nicht selbst ausmerzen. Jesus befähigt dich, gibt dir Kraft und liebevolle Geschwister, die deine Liebe zu ihm wachsen lassen. Du wirst immer weniger an dich selbst denken, weil du in Jesus alles gefunden hast (Röm 8,32).

Gebetsvorschlag

Jesus, dank dir dreht sich meine Welt nicht mehr um mich, sondern um dich. Mach mir die Bereiche bewusst, in denen ich immer noch denke, dass ich im Zentrum stehe. Lenke meinen Blick auf dich, damit ich lerne, von mir abzusehen und deine tragenden Hände wahrnehmen kann. Ich möchte mich in allem nur noch auf dich verlassen.

SELBST- UND NÄCHSTENLIEBE

Zitate für den Tag

Jesus antwortete: »Du sollst den Herrn, deinen Gott, lieben, von ganzem Herzen, mit ganzer Seele und mit all deinen Gedanken! Das ist das erste und wichtigste Gebot. Ein weiteres ist genauso wichtig: Liebe deinen Nächsten wie dich selbst.«
(Matthäus 22,37-39)

Es war nicht so, dass ich meine Frau nicht geliebt hätte. Aber ich liebte mich selbst einfach um so viel mehr. (Donny Pauling)

Fragen für dich

Wann empfindest du Menschen in deinem Umfeld als besonders wichtig und wertvoll und wann fällt es dir schwer, ihren Wert zu erkennen oder sie liebevoll anzunehmen?

____

____

____

____

____

Welche Rolle spielt deine Liebe zu Jesus in deiner Beziehung zu anderen Menschen? Was ändert sich durch sie? Geht es dir bei deiner »Nächstenliebe« manchmal mehr um die Befriedigung deiner eigenen Bedürfnisse als um den anderen?

Impuls

Die Liebe zu Gott, Selbst- und Nächstenliebe bilden eine Einheit. Du wirst nicht das eine angehen können und dabei das andere unterlassen (1. Joh 2,7-11). Wo du dich selbst und nicht Jesus im Blick hast, wird deine Nächstenliebe dort enden, wo dich dein Gegenüber verletzt. Oder du wirst dich selbst nicht mehr leiden können, wenn dir dein eigenes Versagen bewusst wird. Doch die Liebe von Jesus will genau dort deine Quelle sein. Jesus ist dein persönlicher Heiland und die Quelle der Versöhnung für die ganze Welt (Joh 1,29; 4,42; 1. Joh 4,14). Seine Liebe gilt nicht nur dir und der Gemeinde, sondern der ganzen Welt.

Gebetsvorschlag

Jesus, danke, dass du deine grenzenlose Liebe in mein Herz ausgießt, damit es überfließt. Du weißt, wie schnell mein ICH dieser Liebe Grenzen setzt. Bitte mach mir das bewusst, damit ich mich nicht unbewusst selbst beschränke und deine grandiose Liebe verpasse. Hilf mir zu erkennen, dass deine Liebe mir persönlich gilt und mich befähigt meinen Nächsten und mich selbst zu lieben.

HILFE ANNEHMEN

Zitate für den Tag

Seine Begleiter aber redeten ihm gut zu. »Herr«, sprachen sie zu ihm, »wenn der Prophet etwas Großes von dir verlangt hätte, hättest du es dann nicht getan? Wie viel eher solltest du ihm gehorchen, wenn er dich nur auffordert: ›Bade dich, damit du wieder gesund wirst!‹« (2. Könige 5,13)

Sie ließ mir die Wahl: Entweder zur Seelsorge, Gespräche mit den Pastoren und mit Gott ins Reine kommen oder nicht mehr zurück zu ihr nach Hause. Ich wählte Letzteres. (Donny Pauling)

Fragen für dich

Wenn du an deine »wunden Punkte« oder »Baustellen« in deinem (Glaubens-)Leben denkst: Welche Art von Hilfe könnte es für dich geben?

Welche wäre die naheliegende Möglichkeit und was bräuchte es, damit du sie ergreifst?

Impuls

Oft entspricht die Hilfe, die uns Gott tatsächlich vor die Füße stellt, nicht unserer Vorstellung. Vielleicht wartest du »auf ein Wunder nach deinem Maß«, anstatt einfach die praktische Hilfe eines Freundes oder eines Seelsorgers anzunehmen. Jeder von uns braucht Hilfe. Das wird dir gerade in deiner Beziehung zu Jesus bewusst werden. Sie anzunehmen fällt dir vielleicht schwer. Aber du bist nicht allein! Und wenn du dir Hilfe suchst (z. B. durch ein vertrauensvolles Gespräch), bist du wahrscheinlich mutiger als manche deiner christlichen Freunde. Vielleicht ist dir längst eine Person eingefallen, der du dich anvertrauen willst. Ansonsten könnte dir eventuell die Liste mit Anlaufstellen am Ende des Buches helfen.

Gebetsvorschlag

Vater, danke, dass du mir helfen willst. Gib mir Mut, meine »wunden Punkte« bewusst anzugehen und auch menschliche Hilfe in Anspruch zu nehmen. Zeig mir, wo ich aufgrund von falschem Stolz die längst ausgestreckte Hand deiner Hilfe ausgeschlagen habe.

RESÜMEE

Zitate für den Tag

Denn wir gehören nicht uns selbst, ganz gleich, ob wir leben oder sterben. Denn Christus ist ja gestorben und wieder lebendig geworden, um Herr über alle Menschen zu sein: über die Toten und über die Lebenden. (Römer 14,7.9)

Wir glauben auch oft genug, die Welt drehe sich nur um uns. Wir halten uns für den Mittelpunkt des Universums und meinen, dass unser Glück, unser Erfolg und unsere Wünsche das Wichtigste im Leben seien. (Kyle Idleman)

Fragen an dich:

Wenn du auf die vergangene Woche zurückblickst, was ist dir wichtig geworden?

Woran hat sich dir der Götze »ICH« gezeigt? Wie willst du mit dem, was du erkannt hast, umgehen?

____

____

____

____

____

____

Impuls

Du wirst dich nicht in Luft auflösen können. Den Götzen »ICH« kannst du selbst nicht besiegen. Aber Gott kann es. Deshalb ist Jesus für dich gestorben. Er hat dein selbstbezogenes Leben ans Kreuz getragen und schenkt dir das neue Leben, in dem er selbst der Mittelpunkt ist. Das ist ein Machtwechsel, der nicht nur dein Verhalten, sondern dein ganzes Wesen betrifft (Röm 6ff; Hes 36,26). Dein neues Wesen findest du nicht in dir selbst, sondern im auferstandenen Jesus (Joh 15,5). Er lebt wirklich: Wenn du ihn suchst, wird er sich finden lassen, und mit ihm bist du ein neuer Mensch.

Gebetsvorschlag

Jesus, danke, dass du für mich gestorben bist und mein neues Leben bist. Alle Bereiche, in denen ich dir mein Leben noch nicht vollkommen anvertraut habe, will ich dir hiermit geben. Überall, wo ich dich noch nicht regieren lasse, bitte ich dich: Regiere du über mich, ich will mich von dir leiten lassen.

Hier kannst du notieren, was dir diese Woche wichtig geworden ist und welche Fragen dir gekommen sind.

Gestaltungsvorschlag

Ein Abschlusstreffen, in dem neben dem Gespräch vor allem Gebet und Lobpreis im Zentrum stehen, kann euch helfen, die vergangenen Wochen zu verarbeiten und gemeinsam vor Jesus zu bringen. Im Folgenden findet ihr Vorschläge, wie ihr euer letztes Gruppentreffen gestalten könnt. Vielleicht habt ihr ja auch eigene Ideen.

(A) Gemeinsames Singen und Beten

LIEDVORSCHLÄGE:

- So bist du (Feiert Jesus! 4, Nr. 55)
- Ich weiß, dass mein Erlöser lebt (Feiert Jesus! 4, Nr. 22)
- The Potter's Hand (Feiert Jesus! 2, Nr. 198)
- Feuer des Herrn (Feiert Jesus! 1, Nr. 79)
- Du hast mich bewegt (Feiert Jesus! 4, Nr. 155)
- You Are My King (Feiert Jesus! 3, Nr. 117)
- Over all the earth (Feiert Jesus! 2, Nr. 180)
- Hosanna (Feiert Jesus! 4, Nr. 49)
- One Way (Feiert Jesus! 3, Nr. 122)
- Everyday (Feiert Jesus! 3, Nr. 171)
- Your Love is Beautiful (Feiert Jesus! 4, Nr. 34)
- Happy Day (Feiert Jesus! 4, Nr. 36)

(B) Rückblick und Ausblick

Tauscht euch darüber aus, welche Erfahrungen ihr in der vergangenen Woche gemacht habt. Eure Notizen unter »Reflexion Woche 6« können euch dabei helfen. Besprecht gemeinsam, wie es weitergehen könnte. Was würde euch helfen, an den Themen dranzubleiben, die Gott euch durch ***Gods at War*** aufs Herz gelegt hat? Vielleicht habt ihr euch das erste Mal in dieser Zusammensetzung als Gruppe getroffen und entschließt euch dazu, als Hauskreis weiterzumachen?

(C) Vorschlag für eine kreative Gebetsphase

Folgender Vorschlag kann euch helfen, die vergangenen Wochen nochmals in Ruhe vor Gott zu bringen. Ruhige Lobpreismusik im Hintergrund schafft eine schöne Atmosphäre. Gestaltet die Raummitte so, dass die letzten fünf Wochenthemen für jeden sichtbar sind (Genuss, Liebe, Geld, Macht, Ich).

DAS ZERRISSENE HERZ

Gestaltet für jedes Gruppenglied zwei gleichgroße Herzen. Auf eines der beiden schreibt ihr »ICH«, auf das andere »Jesus«.

Nehmt euer Herz, auf das ihr »ICH« geschrieben habt: Jeder geht die einzelnen Wochenthemen für sich nochmals durch. Zerreißt dieses Herz in bis zu fünf unterschiedlich große Teile entsprechend der fünf Götzen (Genuss, Liebe, Geld, Macht, Ich). Der Götze, der euch am meisten beschäftigt hat, bekommt den größten Teil, der der euch am wenigsten beschäftigt hat, den kleinsten. Wenn euch ein Götze gar nicht betroffen hat, bekommt er keinen Teil. Wenn euch ein neuer bewusst geworden ist, reißt ihr ein zusätzliches Teil von eurem Herz ab. Auf die Rückseite der Teile schreibt ihr, weshalb euch dieser Götze so in den Bann gezogen hat, bzw. weshalb es euch schwerfällt, ihn loszulassen.

Legt die einzelnen Teile auf euer zweites Herz, auf dem »Jesus« steht. Zeichnet die einzelnen Umrisse der Teile in dieses Herz ein. Überlegt euch, was Jesus euch bietet, wenn ihr die einzelnen Bereiche (Genuss, Liebe, Geld, Macht, Ich) in seine Hand legt. Schreibt diese Dinge in die jeweils abgezeichneten Bereiche auf euer »Jesus«-Herz.

Entscheidet euch, welches der beiden Herzen ihr mit nach Hause nehmen wollt. Bringt eure Entscheidung im Gebet vor Gott. Wenn ihr euch gegen euer zerrissenes Herz entscheidet, könnt ihr es entweder symbolisch an ein Holzkreuz heften, verbrennen, begraben oder schreddern. Euer ganzes »Jesus«-Herz könnt ihr euch zu Hause irgendwo aufstellen, wo ihr immer wieder darauf schauen könnt. Es kann durchaus passieren, dass ihr euch in den Klauen des »alten« Götzen wiederfindet. Dann wird euch dieses Herz daran erinnern, dass Jesus für euch gestorben ist und in seiner Kraft die Errettung liegt.

(D) Abendmahl/Agape-Mahl

Im Abendmahl feiert ihr die Gemeinschaft mit Jesus. Brot und Traubensaft/Wein symbolisieren sein Leben, das er für euch gegeben hat. Jesus hat unseren Götzendienst auf sich genommen und uns nicht verurteilt. So wie er uns an »seinem Leib« freiwillig Anteil gab, gibt er uns auch Anteil an dem neuen Leben unter seiner Regie.
Es könnte sein, dass es euch in eurer Konfession/Gemeinde nicht erlaubt ist, das Abendmahl selbst zu halten. Fragt lieber bei eurem Pfarrer/Pastor nach und ladet ihn ggf. dazu ein. Vielleicht kann auch ein »Agape-Mahl« (Apg 2,44-47) eine Alternative sein.

(E) Sich gegenseitig segnen

Geht immer zu zweit oder zu dritt zusammen und sprecht euch gegenseitig Gottes Segen zu. Wenn ihr konkrete Anliegen habt, könnt ihr diese in ein kurzes Gebet einfließen lassen.

Vorschlag für ein Segensgebet (nach 4. Mose 6,24-27):

Jesus, der Herr, segne dich [Name] und beschütze dich. Er wende sich dir freundlich zu. Sein Lächeln soll dein Gesicht zum Strahlen bringen und dir Freude schenken. Er zeige dir seine Gnade, die dich fortreißt von den toten Götzen, damit du loslassen kannst, was hinter dir liegt. Er schenke dir seine besondere Nähe durch den Geist seiner Liebe, die in unser Herz ausgegossen ist. Er gebe dir seinen Frieden, damit du in Jesus zur Ruhe kommen kannst. Amen.

Hier findest du eine Liste von Beratungsstellen, Hilfsorganisationen und Verzeichnissen, die dir helfen können, den richtigen Ansprechpartner zu finden, wenn du jemanden brauchst, der dir bei einem bestimmten Problem oder in einer Notlage hilft. Zudem gibt es in fast allen Kirchengemeinden Seelsorger, die dir helfen oder dich an eine Beratungsstelle in deiner Nähe weiter verweisen können.

Seelsorger und Berater des Instituts für christliche
Lebens- und Eheberatung
www.icl-institut.org/beraterseelsorger.html

Berater Biblisch-Therapeutische Seelsorge
www.bts-ips.de/html/lebensberatung.html

Berater der Bildungsinitiative e. V. Seelsorge und Lebensberatung
www.bildungsinitiative.net/supervision-und- lebensberatung/lebensberater.htm

Christlicher Beratungsführer
www.derberatungsfuehrer.de

Stiftung Therapeutische Seelsorge
www.ts-institut.de

Beraterverzeichnis Christliche Psychologie
www.ignis.de/beratung

Hilfsorganisation für Suchtkranke und deren Angehörige
www.blaues-kreuz.de
Beratung rund um die Themen Sexualität, Ehe und Familie
www.weisses-kreuz.de

Hilfsportal für Sexsucht und Internetpornografie
www.loveismore.de

Hilfe für Opfer von sexuellem Missbrauch
www.wildwasser.de (v. a. für Mädchen + Frauen),
www.dunkelziffer.de (v. a. für Jungen),
www.tauwetter.de (für Männer)

Hilfe für Opfer von Gewalt
www.weisser-ring.de

Hilfe bei Essstörungen
www.hungrig-online.de

Telefonseelsorge / Mail- und Chat-Seelsorge
www.telefonseelsorge.de
Tel. 0800 / 111 0 111 (in Deutschland kostenlos)

Der »Erfinder« von *Gods at War*

Kyle Idleman ist Pastor an der Southeast Christian Church in Louisville, Kentucky. Als Prediger ist er zudem regelmäßig in verschiedenen Gemeinden und bei Tagungen zu Gast. Ihm ist die Nutzung des Mediums Film zur Verbreitung des Evangeliums ein großes Anliegen. Den Durchbruch erlebte er mit dem Film-Projekt ***not a fan***, das 2012 auch in Deutschland erschien. Sein neues Projekt ***Gods at War*** widmet sich dem Thema »Moderner Götzendienst« und ist besonders für den Einsatz in Kleingruppen geeignet.

Der Autor von diesem Begleitbuch

Matthias Wölfle wurde 1981 in Villingen-Schwennigen geboren. Er hat Theologie (M. A.) an der Theologischen Hochschule Reutlingen studiert und mehrere Jahre als Pastor gearbeitet. Er ist verheiratet und lebt mit seiner Frau in Böblingen. In seiner Freizeit ist er gern beim Joggen und Radfahren in der Natur, unterstützt lautstark »seine« Eishockeymannschaft und arbeitet bei einer sozialen Kinderbetreuung mit.

Worte von Matthias zum Buch: Das Schreiben an dieser Arbeitshilfe wurde mir selbst zum Gewinn: Ich bin Jesus dankbar für die Gedanken, mit denen er mich ansprach und mir auch eigene wunde Punkte zeigte, ebenso danke ich ihm für die lieben Menschen, die er mir zur Seite stellte. Für Imke Früh, Daniela Stelle, Jürgen Kuberski und meine Frau Michaela. Durch euer gutes Feedback und manche weiterführenden Gedanken, habt ihr das Buch erst zu dem gemacht, was es jetzt ist. Danke dafür, es war eine gute geistliche Gemeinschaft mit euch.